黎敏◎著

中共萍乡市委史志研究室◎编

图书在版编目（CIP）数据

文脉萍乡 / 黎敏著；中共萍乡市委史志研究室编． -- 南昌：江西人民出版社，2023.12
ISBN 978-7-210-15137-1

Ⅰ．①文… Ⅱ．①黎… ②中… Ⅲ．①地方文化—萍乡 Ⅳ．① G127.563

中国国家版本馆 CIP 数据核字（2024）第 030709 号

文脉萍乡
WENMAI PINGXIANG

黎　敏　著
中共萍乡市委史志研究室　编

责 任 编 辑：魏如祥
书 籍 设 计：同昇文化传媒

江西人民出版社　出版发行
Jiangxi People's Publishing House
全国百佳出版社

地　　　　址：	江西省南昌市三经路 47 号附 1 号（邮编：330006）
网　　　　址：	www.jxpph.com
电 子 信 箱：	jxpph@tom.com
编辑部电话：	0791-86895309
发行部电话：	0791-86898815
承　印　厂：	江西千叶彩印有限公司
经　　　销：	各地新华书店

开　　本：	787 毫米 × 1092 毫米　1/16
印　　张：	15
字　　数：	192 千字
版　　次：	2023 年 12 月第 1 版
印　　次：	2023 年 12 月第 1 次印刷
书　　号：	ISBN 978-7-210-15137-1
定　　价：	68.00 元

赣版权登字 -01-2023-656

版权所有　侵权必究

赣人版图书凡属印刷、装订错误，请随时与江西人民出版社联系调换。
服务电话：0791-86898820

目录

第一章　文脉溯源

第一节　三苗文化 …………………005
第二节　中原文化 …………………008
第三节　吴楚文化 …………………010
第四节　赣文化 ……………………012
第五节　闽越文化 …………………014
第六节　湘楚文化 …………………015

第二章　文化璀璨

第一节　方言 ………………………018
　一、语音 …………………………018
　二、词汇与语法 …………………020
　三、萍乡方言与湘方言 …………021
　四、萍乡方言与客家方言 ………021
　五、萍乡方言与粤方言 …………022
　六、萍乡方言与吴语、闽语 ……022
　七、萍乡方言的源头 ……………022
第二节　民俗 ………………………025
　一、民间舞蹈 ……………………025
　二、曲艺 …………………………036
　三、民间音乐 ……………………050
第三节　戏剧 ………………………057
　一、剧种 …………………………057

二、表演团体 …………………063
第四节　影视 …………………072
第五节　地方志 …………………074
第六节　农民画 …………………080
第七节　广场文化 …………………082

第三章　教育千年

第一节　官学 …………………092
　　一、县学 …………………092
　　二、社（乡）学 …………………095
第二节　私学 …………………095
第三节　书院 …………………100
　　一、宗濂书院 …………………103
　　二、复礼书院 …………………105
　　三、鳌洲书院 …………………107
第四节　科举 …………………109
　　一、一门三进士 …………………109
　　二、萍乡进士录 …………………111
第五节　新学 …………………117
　　一、学前教育 …………………117
　　二、小学教育 …………………120
　　三、普通中学教育 …………………124
　　四、师范教育 …………………128
　　五、普通高等教育 …………………130
第六节　捐资助学 …………………132
第七节　藏书 …………………137

一、公共藏书 ……………… 137
二、私家藏书 ……………… 140

第四章　文化遗存

第一节　考古遗址 ……………… 146
　一、旧时器时代遗址 ……………… 146
　二、新石器时代遗址 ……………… 148
　三、田中古城 ……………… 153
　四、安成侯墓 ……………… 155
　五、黄花驿 ……………… 156
第二节　文物 ……………… 159
　一、西周甬钟 ……………… 159
　二、西汉透光镜 ……………… 162
第三节　萍乡文庙 ……………… 165
第四节　生产文化 ……………… 169
　一、农耕文化：开耕民俗 ……………… 169
　二、花炮文化 ……………… 171
　三、陶瓷文化 ……………… 176
第五节　红色文化 ……………… 178
第六节　佛道文化 ……………… 181
　一、杨岐禅宗 ……………… 182
　二、武功山金顶古祭坛 ……………… 185
第七节　古建文化 ……………… 187
　一、祠堂 ……………… 187
　二、古戏台 ……………… 190
　三、古塔 ……………… 193
　四、古桥 ……………… 202

第八节　非物质文化遗产…………210
　　一、萍乡传统烟花制作技艺……211
　　二、莲花打锡…………………212
　　三、萍乡湘东傩面具…………212
　　四、萍乡春锣…………………213
　　五、安源灯彩制作技艺………214
　　六、安源面塑…………………216
　　七、莲花血鸭烹调技艺………217
　　八、芦溪年丰狮………………217
　　九、芦溪上埠牛带茶灯………219
　　十、萍乡采茶戏………………220
　　十一、上栗牛带茶灯…………221
　　十二、芦溪古城独角缩龙……221
　　十三、莲花茶灯舞……………223
　　十四、上栗皮影戏……………224
　　十五、湘东旱龙船……………224
　　十六、莲花哦嗬歌……………225
　　十七、萍乡花果手工工艺……225
　　十八、李畋崇拜习俗…………227
　　十九、莲花界市城隍庙会……228
　　二十、湘东皮影戏……………229
　　二十一、萍乡莲花落…………229
　　二十二、傩舞（萍乡耍傩神）
　　　　　……………………………230
　　二十三、芦溪南坑车湘傩舞…231

主要参考资料……………………232
后　记……………………………235

第一章 文脉溯源

凡事有源，文脉亦然。

文脉，是文明演进的脉络。文明总有它的发源地。这些文明在一个地方创造出来后，慢慢地就被人们流传到其他地方，成为一个地区、一个民族的文化。文明的传播在刚开始的时候，有模仿，有复制，但并非是一成不变、完全照搬的，有的文明在传播过程中和所在地方原有的文化相遇，形成文化的交流和融合。当然在这种学习交流中，原有文化会发生变化。无论是一种文化现象，还是代表一个时代文化结晶的物质文明成果，都凝聚着一个时代的精神和人类的智慧，为人们代代传承，这就是我们所说的文脉。

文脉的源头与地缘有着密不可分的联系。历史地理是历史文化的一个载体和基础，也是文脉起始最为重要的源头。我国幅员辽阔、民族众多，在不同的地理、人文习俗和社会环境等因素的叠加影响下，产生了丰富多彩的区域文化。这些区域文化各有特点，共同构成丰富多彩、底蕴深厚的中华文化。萍乡也不例外，既蕴含在华夏文明之中，又有自己独特的个性。

萍乡位于江西省西部，东临江西省宜春市袁州区和吉安市安福县，南邻江西省吉安市永新县和湖南省株洲市攸县、茶陵县，西与湖南省醴陵市接壤，北与湖南省浏阳市毗邻。远在4000多年前的新石器时代，萍乡就有三苗族生产劳动和繁衍生息。西周时，萍乡属扬州，春秋属吴国，战国为楚地。秦时萍乡先属长沙郡，后属九江郡。在今莲花县境内设安成县治，隶属长沙郡。西汉时萍乡先属淮南郡，后属豫章郡宜春县地。莲花境属长沙郡。三国吴宝鼎二年（267）置安成郡，并设立萍乡县，萍乡、莲花属之。隋开皇十一年（591），废安成郡，置袁州，萍乡县属袁州，后复为宜春郡，萍乡县属之。元至元十四年（1277），萍乡县属湖南行省袁州总管府。元至元十九年（1282）袁州总管府升为路，隶江西行省，萍乡属袁州路。元贞元年（1295），萍乡改县为州。明洪武二年（1369），萍乡改州为县。清乾隆八年（1743）置莲花厅属吉安府，1912年改为莲花县。1960年9月，经国务院批准，萍乡撤县设市。1970年3月，改为省辖市，1971年1月下设城关区（后改称安源区）、湘东区、芦溪区（后撤区设县）、上栗区（后撤区设县）4个县级区。1992年8月，莲花县从吉安市划归萍乡市管辖。

从萍乡的地理位置和历史地理来看，萍乡文化是以三苗文化为基础，融入中原文化，形成于吴楚文化之间，由吴楚文化派生而出的赣湘文化和闽越文化融合而成。赣文化的特点是恋于温饱、安分守故、耕读传家、崇德重礼。湘楚文化的特点是爱国惜怀、尚武精神、忧患意识、经世致用。闽越文化的特点是包容和合、稳健谨慎、爱国自强、经世务实。由于受地理环境等因素的影响，就整体而言，在萍乡赣湘文化更显突出，闽越文化融于上述两种文化之中。萍乡五县区，以芦溪、莲花两县偏重于赣文化，安源、湘东、上栗二区一县偏重于湘楚文化。

芦溪、莲花分别与宜春的袁州、吉安的安福和永新相邻。宜春、吉安是赣文化支脉袁州文化与庐陵文化的发祥地，芦溪、莲花历来受袁州文化和庐陵文化的影响，注重耕读传家、忠诚爱国。芦溪诞生了萍乡历史上最早的书院和私学。被清乾隆皇帝称为"江西大器"的刘凤诰，虽说出生在上栗县观泉村，但观泉地处上栗与袁州、芦溪边界，且刘凤诰的先祖是由莲花迁徙至芦溪源南再移居观泉的，刘家长期受赣文化的熏陶。明理学家、

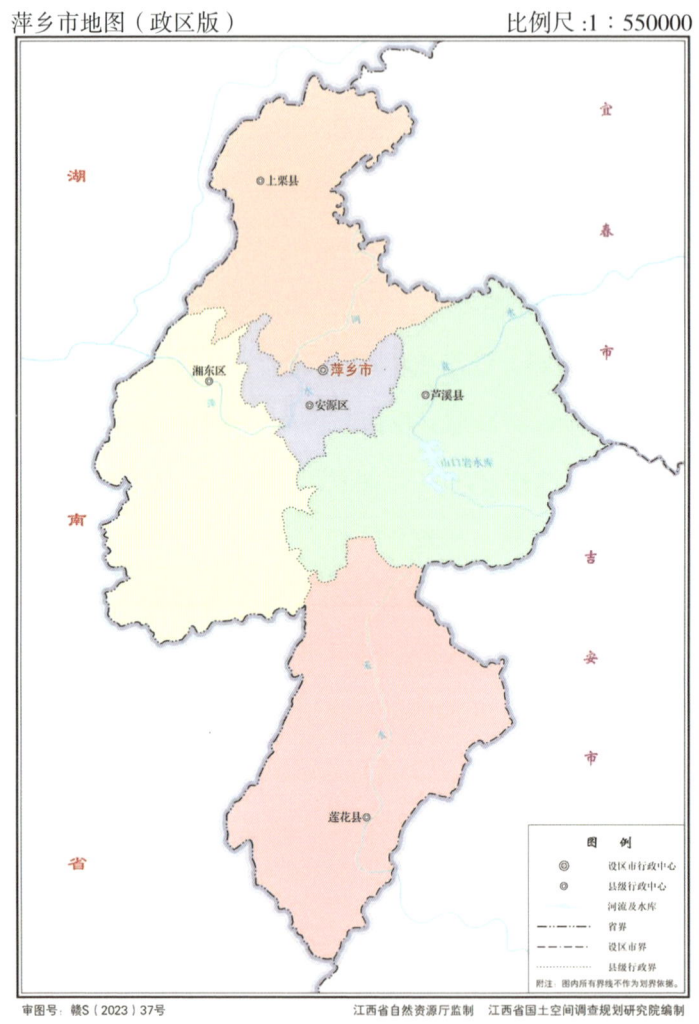

萍乡政区图

  教育家、文学家刘元卿为莲花籍人，长期在家乡开办书院，授徒讲学。芦溪籍罗凤冈、钟震川、易简、林瑞笙、王麓水，莲花籍吴希奭、朱绳武、贺国庆、刘仁堪等，均为忠诚爱国的名士。

  湘东、上栗地处萍西和萍北，历史上大部分曾为湘地，晋朝以后，才逐渐脱湘。安源虽不是湘地，但近代以来由于萍乡煤矿开办和株萍铁路建成，湘楚籍民众大量落籍安源，带来了湘楚文化。这三个县区与湖南有着天然的联系，地缘近、血缘亲、语同音、习相同。近现代萍乡发生的几次武装起义就是发生在安源、湘东和上栗地区，如萍浏醴起义、湘赣边秋收起义、小西路和萍北武装割据等。又如湘东人氏文廷式，在清政府与日本政府签订《马关条约》后，他亲草疏稿，上折抗争，痛心疾首曰："辱国病民，莫言为甚""何于见列祖列宗于地下"。与康有为等发起组织"强学会"，号召进步人士发奋变法以救国难。萍浏醴起义的直接领导人蔡绍南、魏宗铨均为上栗人。萍乡采茶戏、春锣、皮影戏等民俗文化都有湘楚文化的元素。

这些地域文化在萍乡的土地上兼容并包，相互交叉，相互影响，孕育了"崇德向善、耕读传家、开明包容、忠诚爱国"的萍乡文化。

第一节　三苗文化

依据《战国策》《史记》等古书的记载，三苗是上古时代长江中游区域的先民，他们曾经凭借山川之险、水路之便，聚集四方百族，奋然崛起于今鄱阳、洞庭两湖之间，创建了一个负陆面海、势力广被、声威远播的南方酋邦王国。当代考古学证实：在长江三峡以东广袤的湖川山泽，存在一种风格殊异的新石器时代文化，它就是"三苗遗存"。

据《尚书》《山海经》《竹书纪年》等古书记载，三苗先后与黄帝、尧、舜、禹竞雄于世。蚩尤是威震天下的南方民族英雄，和三苗的关系异常密切，很可能就是早期三苗酋长。据说他曾经统帅"苗民"，和黄帝大战于涿鹿，兵败而被黄帝擒杀，但是"天下咸谓蚩尤不死，八方万邦皆为弭服"。当三苗再次重整旗鼓、北上争雄时，被尧遏阻在豫境丹水之浦。舜继尧位以后，曾经在和谈舞会上和三苗化干戈为玉帛。可是不久烽烟复燃，而舜神秘地死在南征三苗途中。自从出了亡国之臣成驹以后，三苗为政不善、内部分裂、国运衰微。旋又发生空前严重的大地震，"天雨血，夏有冰，地坼及泉……"大禹乘这个千载难逢之机，一举攻灭三苗王国。

三苗文化对中华历史文化的发展创下了难以磨灭的功绩。首先，三苗之"苗"不仅仅是记音，亦与原始农业有关。三苗氏或许是最早发展原始农业的氏族之一，故而当阖族厄运降临之时，便发生了"五谷变化，（苗）民乃大振（震）"这种情状。江西修水山北遗址发现在草拌泥中夹杂有稻谷壳、稻秆的痕迹，同时期的樟树市樊城堆遗址，永丰县尹家坪遗址和萍乡市的新泉、赤山遗址中也有稻谷、稻秆发现。这些遗存表明，种植水稻的生产，在四五千年前的三苗地域已经逐渐普遍起来。其次，当代考古学认定，中华铜资源的开发和青铜冶铸的源头，也存在于这一区域。曾有论者推测，舜和禹对三苗的战争，"很可能是一场争夺铜锡资源之战"，此论颇有见地。1988年，在江西瑞昌发掘出的商代铜矿遗址，是目前国内发现的最古老的铜矿遗存。另外，吴城遗址是三千多年以前的大型青铜冶铸基地。据此而论，三苗氏应是中华铜文化的开山祖。"三苗开创的这种传统，对中国古代文化具有奠基意义。"

据考古工作对新泉乡羊路上、宣风镇虹桥禁山下、芦溪镇山下和潭田、赤山镇大宝山、桐木镇荆坪、上栗镇施家台等地的考证，远在4000年前左右的新石器时代，萍乡就有三苗族在这里生产劳动和繁衍生息。三苗居地大体在长江中游地区，其具体范围，《战国策·魏策》载吴起

宣风虹桥考古发掘（萍乡市文广新旅局供图）

曰："昔者三苗之居，左彭蠡之波，右洞庭之水，文山在其南，而衡山在其北。""彭蠡"为今之江西鄱阳湖，"洞庭"即今之湖南洞庭湖。"文山"，出自《国策》姚氏本，鲍本作"汶山"，《君道》作"大山"，《外传》作"岐山"，实为同一山名。"文山"是今何地，还无法确定，大致应在鄱阳、洞庭间靠南部之地。据钱穆先生考证，这个"衡山"，是在长江以北，即今河南南部的伏牛山。可见，以三苗氏为代表的苗族族团活动地域大致在今湖北、湖南两省大部及江西、河南之部分地区。萍乡正处于这一确切位置之中。因此，萍乡文脉的源头是三苗文化。

第二节 中原文化

中原文化，即产生于中原区域的文化，它是一种具有地域文化特性的文化，但又是中国传统文化中的主流文化、核心文化、根文化。在漫长的历史进程中，由于中原先民的南迁，中原文化逐渐播迁到原百越民族居住的广大南方地区，并使当地文化融合进汉文化圈里。

在尧、舜、禹对三苗部族持续不断的征服过程中，一部分三苗族人渡江南逃进入萍乡地域并留于此地，从而将先进的中原文化带入到了萍乡地区。

伴随着西周政治势力的伸展和南北交流的密切，中原的西周文化明显地影响了萍乡区域。1961年，萍乡彭高公社曾出土两件形制、纹饰完全相同，但大小有别的甬编钟，其造型和许多纹饰与现今所知出土最早的陕西宝鸡竹园沟B2七号的三件甬钟完全相同，但萍乡甬钟舞部上的勾曲纹明显地显示了萍乡地域文化特点。

西晋末、唐末、宋末战争频繁，大批中原百姓南渡长江，定居于赣、闽及粤东、粤北等地，为别于当地之土著人，被称为"客家人"，其中有一部分辗转徙居萍乡，又一次带来了中原文化。

据史料记载，在中国古代历史上，规模最大的迁徙有三次，分别发生在西晋"八王之乱"和"永嘉之乱"，唐"安史之乱"和"五代之乱"，北宋"靖康之变"这些大动荡时期。

由"永嘉之乱"引起的第一次大规模北人南迁，给南方注入了新的活力，促进江南"火耕水耨"的粗放型农业生产方式向精耕细作转变，从而提高了粮食产量和土地利用率；由"安史之乱"引起的第二次大规模北人南迁，从根本上改变了中国人口地理分布格局，使南方人口第一次超过北方，中国人口地理分区的中心也首次由黄河流域移到了长江流域；由"靖康之变"引起的第三次大规模北人南迁，使南方原先的"蛮荒之地"大都成了"鱼米之乡"，风俗习惯上南北互相融合，经济上南方强于北方的局面完全确立。

永嘉以后，北方士族大量南迁江右，它使黄河流域为中心的中原文化第一次移向长江流域，改变了以前重北轻南的文化格局。在此以前，南方文化远不能与北方相提并论，在此之后，不仅南北经学在研治方法和总的学风上因南北对峙而呈明显差异，而且在文学、佛学、道教、书法、美术、音乐等方面也因不同风格相映生辉。谭其骧先生认为永嘉以后，"中原遗黎南渡，虽为民族一般之趋势，然其间要以冠冕缙绅之流尤盛……考东晋、南朝虽立国江左，然其庙堂卿相，要皆以过江中州人士及其后裔任之……自是而后，东南人物声教之盛，遂凌驾北土而上之"，指出了南迁士族对江南文化的贡献。

《萍乡市教育志》载，"靖康之变"后南宋政权建立，大批北方民众纷纷南迁，带来了北方先进的生产技术，也带来了崇教重学的风习。落籍萍乡的江北大户秉承家教与师承教育传统，或家学以传，或延师以教，期子弟学业有成，以闻达于天下。自此民间"莫不家传户诵"，乡人喜读书、尚礼仪，勤学苦读，以求科第成名之风习历元、明、清而不衰。

第三节 吴楚文化

春秋时萍乡属吴。相传3100多年前商代晚期陕西岐山下周部落的首领周太王有三个儿子：泰伯、仲雍、季历。三儿子季历有个非常聪明的儿子叫昌。周太王认为周部落以后的兴旺要靠昌，泰伯、仲雍估计周太王想把王位传给季历，再传给昌，于是他们两人假借采药为名南奔梅里（即今无锡市梅村镇），并按照当地土著人的习俗断发文身（便于下河捕鱼、打猎掩藏），来避开季历，这种谦让的美德传诵至今，故今称泰伯为至德。后来周太王果然立季历为王，并传给昌，昌就是开创周朝的文王姬昌。泰伯、仲雍在荆蛮之地与当地的土著人为伍，受到当地人的爱戴，于是成立了"勾吴国"。"吴"同"吾""无"同音，最早这个"吴"字出现在甲骨文和金文中，当时是以鱼的形状出现的。泰伯、仲雍的南奔同时带来了中原文化，与当地的土著文化相结合，形成了一种新的文化体系，就是吴文化。

东周列国时，由于群雄纷争，仗强欺弱，战争延续不停，楚国日益强盛，吴国逐渐衰弱，战国时期萍乡属楚。楚文化源于中原，与中原华夏氏族有着密切的关系。从地理位置而言，楚的先民长期与华夏先民杂处、交往，楚先民吸收了华夏先民所创造的先进文化因素，以中原商周文明，特别是姬周文明为基础缓慢向前发展。楚人立国800余年，在长期独立的发展过程中形成了楚国独立的地域文化。

萍乡境域先吴后楚，吴楚交替，素有"吴楚通衢"之称。古人写有

"东南千里皆吴地,西过两关是楚江"和"芦水东奔彭蠡浪,萍川西注洞庭湖"的诗句,形象地反映了萍乡的地理位置和沟通吴楚文化的桥梁作用,并深受其影响。三苗族好巫,楚人好巫,萍乡古时巫风盛行。傩派生于巫,所以萍乡产生傩文化是事理之必然。

萍乡得名的"萍实说",也反映了楚文化是萍乡文脉的重要源头。"萍实说"在萍乡流传较久且广泛,历代县志均有记载,其典故为楚昭王渡江得萍实,最初见于古籍《孔子家语》:"楚王渡江,江中有物大如斗,圆而赤,直触王舟。舟人取之,王大怪之,遍问群臣,莫之能识。王使使聘于鲁,问于孔子,子曰:'此所谓萍实者也,可剖而食之,吉祥也,惟霸者方能获焉。'"宋代江西人乐史所著的地理书《太平寰宇记》载:"楚昭王获萍实于此,今县北有萍实里、楚王台,因以名县。"也正因为如此,萍乡又被称为楚萍、昭萍。

《萍实说》画(萍乡市文广新旅局供图)

第四节 赣文化

赣文化，又称江右文化。在上古时代脱胎于百越文化、吴楚文化，在两千多年中不断接受华夏文化的浸染，最终发展出独特于世的江西本地文化。

从地域角度看，赣文化包含了浔阳文化、豫章文化、临川文化、庐陵文化、袁州文化等诸多子系统。

从对社会经济发展产生重要作用的角度看，赣文化有铜文化、瓷文化、书院文化、禅道文化、革命文化等内容。

赣文化是以江右人民的生产实践为基础、以赣鄱农业文明为核心，历经数千年发展起来的一种特色文化。万年仙人洞文化见证了江西上万年的水稻耕作历史，自然条件的优渥使得江西农业非常发达，随着人口的繁盛也就有"万点青山万户烟"的江南景致。但也因为如此，东、南、西三面环山，北面临湖的地理特征使得赣地人民恋于温饱、安分守故。江西人的"官本位"意识浓重，但又好于争讼。北宋袁州（今宜春）知州杨侃就说，如果官员不"自紊其法"，那么"民知法是易治"。这也得益于江西书院教育兴盛、科举文化强势的历史传统，"耕读传家"被公认为处世准则。

注重自身修行是江西人的重要思想。儒学的纲常道德历来都是江西人的标准价值取向。秦汉之际，吴芮以百越王而进奉汉朝，即便刘邦寡义也仍得善终。东汉徐稚不与世合污，公举为南州高士。历史上江西官吏一经上任，即刻便要礼祀孺子祠、祭扫孺子墓。南宋文人李道传就评价说："窃观国朝文章之士,特盛于江西。如欧阳文忠公、王文公、集贤殿学士刘公兄弟、中书舍人曾公兄弟、李公泰伯、刘公恕、黄公庭坚……此八九公所以光明俊伟,著于时而垂于后者,非以其文,以其节也。盖文不高则不传,文高矣而节不能与俱高。则虽传而不久。"

陶渊明

江西文人一生都以研究品学道德为追求。朱熹爱"道问学",陆九渊好"尊德性"。鹅湖辩后,二人都觉悟到要"去短集长",在书院讲书以开晓世人。而优良的道德情操在江西的文人士子中表现得尤为突出。晋朝的陶渊明便不为五斗米而折腰。唐朝的卢肇即便熟识当朝宰相李德裕也不愿在科场上走后门。北宋王安石在阻力重重的政治压力下依然执着施行变法改革。南宋永新八姓子弟(刘、颜、张、段、吴、龙、左、谭)在抗元兵败的情形下毅然率3000随

朱熹

众跳潭殉节。明初朱棣夺政,黄子澄等江西士人"忠愤激发,视刀锯鼎镬甘之如饴,百世而下,凛凛犹有生气"。清初宁都的"易堂九子"、星子的"髻山七子"均持节坚不出仕。

隋唐以来,江西的书院教育昌盛,儒学研究盛行。曾巩便说世人慕学发愤,读六艺,"其人入之深,则虽更衰世而不乱""君夫正心修身,为国家天下之大务,则在其进之而已"。而对于哲学道理,陆九渊更有见解,他强调"自立、自重",主张"人当先理会所以为人",一生立志"求道、明

道、践道"。他认为读书人应该与师友问难辩诘，但个人主见就"思则在己"，同时一并指出"学苟知本，六经皆我注脚""万物森然于方寸之间，满心而发，充塞宇宙，无非此理"。以陆九渊为首的江西心学如此发达，黄宗羲便指明说，"姚江之学，惟江右得其正传"。

明中后期以后，赣文化开始逐渐衰弱。尽管如此，仍然诞生了如八大山人、蒋士铨、陈寅恪这样的文化大家，更有着一批产生了相当影响的文化流派。

萍乡，自古为赣地，在这块土地上生长的萍乡文化，是赣文化的重要组成部分，为赣文化的形成和发展作出了重要贡献。

第五节　闽越文化

闽越文化源自春秋战国至汉武帝时期闽越人创造的地方文化。闽越包括今天的福建全部、广东东部潮、梅一带和浙江旧温、台、处三府。自战国越族入闽，闽越相交，语言融替，到了汉代，闽越文化逐渐形成，至魏晋唐宋，中原百姓大规模南迁，中原文化在闽越地区流播生根。宋元时期，海上丝绸之路崛起，随着中外文化交流的深入，闽越文化开始传播海外并吸入外来文化。明清两朝，统治者为了统治的需要，实行海禁政策，下令封锁闽粤沿海。

据《萍乡市志》记载："明嘉靖，尤清朝颁布'海禁'政策以后，闽、粤两省又有大批人来到萍乡山区搭棚居住，栽种苎麻等。初时，棚民春来冬返，后喜萍乡生活方便，加之清中叶以后，对棚民改镇压为安抚，准许棚民入甲图，增加科举考试名额，棚民乃相率定居于萍乡。"又据上栗县东源乡石涧村李姓族谱记载："李姓源出陇西，溯夏商周三代越秦汉而下，悉为望族，至唐盛极……自南宋至清初，历时约六世纪，由于金元满三次社会变革，冲击汉族正统观念，人口流徙量空前浩大。几度北人南迁，异致闽粤人口剧增，旋复逾南岭向内地扩散，萍浏宜万本宗各支，除晟公裔自唐真元即封荫于宜春，世为袁萍巨族外，火德公裔暨其他公祖裔，绝大部分均系此一时期，直接或间接由闽粤迁来。其开祖定居蕃衍后，毗邻支系，婚丧相扶，得失相关，已成传统风气。"另外，南昌大学刘纶鑫、万芳珍老师在《江西客家村迁入原由与分布》一文中也明确："萍乡有250个客家村，市内的各大区均有分布。其中上栗的桐木、东源在10村以上。"

第六节 湘楚文化

湘楚文化，是楚文化的延续与发展，它成长于辽阔富饶的三湘大地，糅合了中原文化与楚蛮文化的芳馨神韵，因传承楚文化的主旨并形成于浩瀚楚域三湘（资沅澧）而得名。

战国时，萍乡境域为楚国领地，与大部分属楚国领地的湖南有着密不可分的联系，自然易受湘楚文化的影响。据《湘东区志》《上栗县志》和《醴陵县志》载，晋太熙元年（290）之前，今湘东区的老关镇南部、下埠镇西部、排上镇、东桥镇、麻山镇南部、白竺乡、广寒寨乡、长丰乡南部等地皆为荆州郡的醴陵、攸县、安成郡地；晋太康年间（280—289）之前，上栗县的桐木镇、上栗镇、金山镇、长平乡属今湖南省醴陵市地，后划归

安源煤矿全景（萍乡市文广新旅局供图）

豫章郡属康乐县。隋开皇九年（589）康乐县撤，桐木、上栗、金山、长平划归萍乡管辖。明嘉靖四十三年（1564），湖南茶陵州草市巡检司设立，原龙台地区的广寒寨乡、东桥镇、排上镇、白竺乡划归其管辖，直到清嘉庆二十五年（1820），复归萍乡。另据《萍乡市志》记载，元至元十四年（1277）到至元十九年（1282）萍乡属湖南行省管辖。所以从历史上看，萍乡原本就是湘楚文化成长地之一。

再从萍乡人的饮食习惯来看，基本与湖南相同，喜欢饮茶，菜以辣为主，民间常说，湖南人不怕辣，萍乡人辣不怕，有过之而无不及。萍乡人的性格特点也与湖南人的"吃得苦，耐得烦，不怕死，霸得蛮"的性格特点一脉相承。

近代由于安源煤矿的开办和株萍铁路的兴建，很多湖南人迁入了萍乡。萍乡人口在同治八年（1869）只有215648人，但到了光绪三十二年（1906）人口激增至590948人，人口增长一倍多。随着湖南、湖北籍人口的不断移入，湘楚文化悄无声息地融入了萍乡地域文化，为萍乡地域文化增添了新的内容，湘楚文化成为萍乡文脉的又一重要源头。

第二章 文化璀璨

文脉是一种文化脉络。一般来说，人类的文脉精魂蕴含在各种文化现象中，它的神韵潜藏在人类创造的文明物象中。人类文明体现在物质成就上，就是看得见的文明成果，如建筑、发明、工程等；体现在精神上就是人类的文化成果，如哲学、文学、音乐、艺术等。

 方言

方言具有丰厚的文化底蕴。它是地域文化的载体，表达地区的文化特色；也是传统文化的活化石，传承宝贵的文化遗产；还是植根于民间的文化形态，具有深厚的民间文化土壤。文化包容性越大，越有魅力和影响力。萍乡方言是通行于萍乡地区的一种语言，承载着萍乡在长期的历史进程中积累的大量文化信息。

一、语音

萍乡方言在中国七大方言中属何种方言？若固拘泥于定义，是不可能有明确结论的。萍乡地处江西，萍乡方言似乎理应归属赣方言，而《辞海》所列"赣语"的数条标准，均以南昌话为依据，与萍乡话颇有不合，萍乡

方言若划归赣语，就显得不伦不类。

当然，赣语的某些重要特点，也就是萍乡方言的重要特点，声面母方，古浊塞、浊塞擦音一律读送气清音（如：大、地、近）；没有 n 母而有 l 母（兰、南同音）和 nj 母（你、娘、热）。萍乡古晓母合口字读 f，南昌如此，湖南如此，广东亦如此。又，萍乡话与赣语比较，与南方话比较，有一点很突出，那就是 zh、z 有别，即有卷舌音（舌位偏后），这是南北语音极重要的区别性特征，这一特征常使得北方人和许多江西人误把萍乡人当成北方人。萍乡话的卷舌音，的确源于北方话的影响，但它是受下江官话的长期影响而形成的。

由于声母读音的差异，萍乡城关方言有新老之别（老派分尖团，新派不分），有甲乙之分（古泥母日母知三章组见系通遇臻山曾摄合口三四等字有 zh 组甲派 k 组乙派两套平行的读音。如，猪 zhy：ky；专 zhueng：kueng；春 chhun：khyn）。

韵母方面，蟹摄一、二等字，普通话均读 -ai，而萍乡蟹摄一等字读 oeu（来、栽、再），二等读 ai（拜、排、买），这与客家话、粤语蟹摄一、二等字读音分化规律类似，读音也相近。宕摄江摄字韵母，萍乡话读 -ong，赣语、客家话也如此，粤语亦相类，其中尤以赣语、客话和湘赣边缘方言最为典型。宕摄江摄韵母，萍乡读 -ong，主要源于客家话而非赣语，因客家话的语音层次比赣语要古。萍乡话的通臻（文读）梗（文读）曾（文读）深（文读）摄字韵母读音相同，也是萍乡话的特点，这主要是由于萍乡鼻韵母舌位无前后对立，古汉语 m、n、ng 三鼻韵母混一，这在汉语方言中是很罕见的，不过，我们仍可以从古代楚语中发现一些端倪，例如屈原《离骚》："帝高阳之苗裔兮，朕皇考曰伯庸。摄提贞于孟陬兮，惟庚寅吾以降。皇览揆余于初度兮，肇锡余以嘉名，名余曰正则兮，字余曰灵均。"《九歌》

中的《国殇》："带长剑兮挟秦弓（通），首身离兮心不惩（曾）。诚既勇兮又以武，终刚强兮不可凌（曾）。身既死兮神以灵（梗），魂魄毅兮为鬼雄（通）。"又建炎桃源石刻："无为大道，天知人情（梗）。无为窈冥（梗），神见人形（梗）。心言意语，鬼闻人声（梗）。犯禁满盈（梗摄），地收人魂（臻）。"这表明，楚语的鼻音已无前后对立。萍乡通臻梗曾深诸摄通押的特点，当源于古代楚语，查萍乡周边诸方言，鼻韵母多呈前后对立，即便市内的上栗、芦溪，鼻韵母亦呈前后对立，萍乡话甚至山咸摄梗宕摄臻曾深摄字韵母读音往往相混（咸＝行行路，康＝勘，山＝生陌生，含＝航，真＝中＝征），亦为前后鼻音混一所致。又，与客家话相似，萍乡一些遇摄细音字韵母读 i 而不读 y，如"履驴旅虑侣聚取趋觑趣需戍绪絮绪须序徐叙婿"等。

声调方面，城关话有四个声调，无入声；平分阴阳，（古声母）浊上变去，这与普通话演化规律一致，具有显著的北音特征，而与赣语"六个声调""有入声"迥异。

萍乡城关话的声调，北路清入归阳平（客得色 33），西路清入归阴平（客得色 13）；而在城内，声调大多与西路话一致。在西路和城区，还可以发现浊入读如阳平 33 的残余现象，如"泽撒服臭"等字。北路清入读 33，正合"平声平道莫高扬"的特点，入声韵尾脱落后，声调最易成平声。可以推断，北路清入归阳平 33，当为城关话入派平声的初始形态。

二、词汇与语法

萍乡方言词汇，可谓诸方言的大杂烩。萍乡方言词汇明显地"杂有"湘、赣、粤、客、吴、闽及官话诸词语。扬雄所撰《方言》，对于考证方言语源弥足珍贵，如"崽"字，扬子曰："崽者，子也；湘沅之会，凡言是子者谓之崽。"崽与子，古音通。子与梓皆"即里切"，读音同；梓又读如宰，《说文》："梓，从木，宰省声。"梓的异体字又作"榟"。

三、萍乡方言与湘方言

萍乡称最小的儿子为"觃崽"，湖南写成"满崽"。萍乡与湖南相同的词汇不少，如：里手、冇得、阶基、现饭、蚂蚁子、老倌子、明年子、梆硬；至于小称，萍乡的"仔"，湖南多写作"唧"，实即同一字，本字当为"仔"。湖南说凳唧、脚盆唧、伢唧、咯（个）一滴唧，萍乡也类似。湘语形容词前缀发达，如：梆硬、棱光、刮瘦、津咸……与萍乡话极为相似。萍乡城关话，第一人称曰"僙"hong11，第二人称曰"倖"heng11（本字未详），乾隆时期刘宫保书作"憾""幸"（幸字读如二等）。据光绪时萍乡县令顾家相考证，萍乡城区第一人称为"姎"，《说文》："姎，女人自称，我也。"（按，姎字亦用于男性）《后汉书》："长沙武陵蛮，相呼为'姎徒'。"章怀太子注："姎，音胡朗反"，与萍乡音密合。顾县令考证精审，信而有征。萍乡话"咱们"称"姎滕"或"姎同"；第一人称，虽古有"卬"，今有"俺"，但与萍乡音义密合的字则非"姎"字莫属，由此可见萍乡话与古楚语关系之深。

四、萍乡方言与客家方言

萍乡方言词有不少与客家方言相同者，如：揾、斫、擎、抻、行、欢喜、人客、徛、镬头、赖（即乃，男孩）、朘、鼻齉、夜晡。前缀词：老妹、老弟、老兄、老鸦；后缀词：虾公、鸡公、雷公、手指脑、脚趾脑、屎客、尿客、烟鬼、短命鬼、贼牯、壮牯；表修饰、领属的"个"（亦书作"咯"），萍乡话与客家话相似，如：我个、你个、红个、大个、细个。又，一种间接宾语置于直接宾语后的句式：如"把本书我"，萍乡话、客家话都这样说。

五、萍乡方言与粤方言

在广东，子女称"仔女"，萍乡则称"崽女"。子仔崽，为同源字。无论广东还是萍乡，"仔"都用于小称，有"小"或"可爱"的意味，例如：叔仔、舅仔、姨仔、细个仔、孙仔、牛仔。萍乡话与广东话有不少共同的词语，如：公婆、老表、家公、家婆、伙头、人客、猪朋狗友、冇得、滚水、潲水、腩肉、屎片、扫把、竹篙、锁匙、矜（金）贵、打死狗讲狗价、指甲花、单企人、讲古仔、捉棋、起屋、戒口、联针、扯气、跛脚、该煨、伤神、敖气、捆、髡、伏、凭（靠）、撩、揩油、獭屎獭尿、发茅（毛）、撇脱、捱（哇）苦、两头蛇、搅屎棍、下昼……

六、萍乡方言与吴语、闽语

萍乡方言与吴语相同的词语有膯饱、讨亲、壮牤、长子、伢、揿、剀、莴荬等。萍乡话与闽语相同的词语有徛、庥、金瓜、清气、眲等。

七、萍乡方言的源头

综观萍乡方言，五方之音杂处，其语源的多样性尤其体现在词汇方面。语法方面，它与客家话、粤语、湘语等亦有不少相似之处。尽管如此，萍乡方言仍自成体系，这主要体现在音系上，体现在它与《广韵》语音对应的严整性上。当然，在音系上，萍乡方言受到外来音影响的产生了某些微妙变化，例如"外"字，萍乡白读为 ngoe u，文读为 woe u，显然，woe u 是个受官话影响的变体，它是一个仅限于去声的孤立音节。萍乡方言复杂多

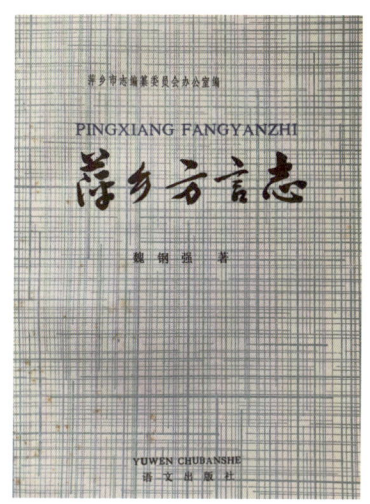

《萍乡方言志》

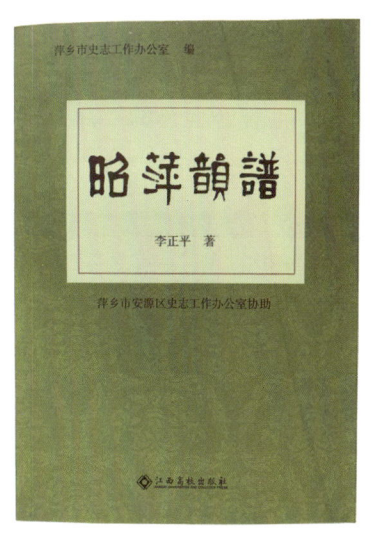

《昭萍韵谱》

样，除城关方言外，还有上栗方言、芦溪方言、西界方言、桐木方言、莲花方言、客家方言，其中以城关方言的影响最大。上栗方言受城关话的影响，主要体现在声调上，除入声外，上栗方言平上去三声与城关方言极为接近，舌头音有变读卷舌音的趋势，而后鼻音 eng 则有向 ng 靠拢的趋势；芦溪方言主要表现为空间上的收缩，芦溪区的上埠、南坑、芦溪镇和张佳坊的西部，均被城关方言占据；城关方言还伸入到原西界方言区的东部：今老关东部、排上东部、大路里、东桥东部、广寒寨东部和东北部，均被城关方言所占据。西界方言受城关话的影响，主要体现在声调向城关音靠拢，与上栗方言相似，鼻韵母 -eng 亦有向 -ng 靠拢的趋势；桐木方言，则有进一步浏阳化的趋势；至于客家方言，其主要分布于山区，呈岛状分布，且仅限于客家内部交流，故受城关方言的影响不大。

萍乡城关方言的源头为何种方言？老派音固然是城关方言的基础，

但老派音仅限于尖团之别。至于北路话，其分布呈现出对萍城作西、北、东弧状包抄之势（如温盘、福田、彭高、高坑，临近城区的三田、白源、十里村），今城北后埠街（原为后埠村）一带居民仍讲北路话。北路话不仅具有城关甲派音的典型特征，语音也比城区话更古。随着西路话的东进，今青山一带已成乙派音的天下。原萍乡城区，北路话本占据主流，与今日乙派音占主流的状况颇异。如今，各音系正在加速演化：老派音虽然较古，但消退明显；在城内，甲派音有被乙派音取代的趋势；乙派音则较为急进，且呈现出加速演化的特征，与古音乖离更远。

　　数十年来，由于普通话的推广与普及，萍乡话的面貌已今非昔比，即使是年逾七旬的农村老人，其土语也不地道，多少总带点官话味。尤为严重的是，幼儿的母语已不是萍乡土语，而是一种夹杂地方口音的"普通话"，萍乡人戏称为"塑料普通话"。无论是父母，还是公公婆婆，都在谆谆教导幼儿说普通话，遗憾的是，不但普通话未说标准，就连土语，小孩也说不好，甚至不会说，而且这种语言教学方式已成为一种不可遏抑的定式。出于对学习普通话的误解，现在的萍乡话，除五音混杂的"萍钢萍乡话""车站萍乡话""矿务局萍乡话"外，还有数不清的萍乡话变体，"导（音套）游"读成"岛游"，"和谐"读成"和 xiai"，"矿务局（音宙）"读成"矿务珠"，"贸 moeu 易"读成"冒易"，读音已超出正确的拼式，萍乡话与《广韵》的语音对应律已被搅乱，这显然不合推广普通话的初衷。普通话强势扩张，土语消退式微；英语流利，汉语磕巴；京腔地道，土语蹩脚；此类现象，与日俱增。儿子、爷爷（本音 ya ya，指爸爸）与爷爷（变音 ye ye，指公公），三代同堂，虽觉滑稽，却是事实。

第二节 民俗

萍乡历史悠久，文化灿烂。在这里，吴楚文化相濡浸染，革命文化和传统文化交融汇合，构成了萍乡鲜明的文化特征。

萍乡民俗文化绚丽，采茶俚调、民间灯彩、古朴漆画繁衍流传，历久弥新。渊源于楚巫的傩文化"三宝俱全"（傩面、傩舞、傩庙），被称作"戏曲艺术的活化石"。萍乡的民间群众艺术活动品种多、活动多，代代相传，至今仍保存下来并在民间流传的尚有30余种，如春锣、渔鼓、花锣鼓、茶灯、牛灯、渔仔灯、围鼓、风筝舞、莲花闹、扑蝶舞、泥塑、瓷雕、盆景、彩扎、竹编及民间绘画（农民画、磨漆画、剪纸、烙花、微雕、根雕）等。

一、民间舞蹈

萍乡民间舞蹈源远流长，从其活动面来说，遍及全市各县区乡镇街道，从活动的形式、内容上看，可谓丰富多彩。有以傩舞为代表的祭祀舞蹈，有以反映劳动人民生活的杯子舞、风筝舞、采茶舞等，还有以"缩龙"为代表的灯舞，更有以宣传革命为主要内容的苏区舞，这些绚丽多彩的舞蹈都有着鲜明的萍乡地方特色：首先是湘楚文化遗风甚强，其次是表演风格独树一帜，再是它的演出时令性和自娱性很强，最后是音乐特色很突出。据1980至1991年的普查资料表明，全市的民间舞蹈有节子龙、青面狮、

傩舞表演（萍乡市文广新旅局供图）

手摇狮、牛带茶、高跷、风筝舞、扑蝶舞、傩舞、龙灯、板凳龙、狮灯、茶灯、桂花灯、道教舞、缩龙、布灯、龙凤花灯、马灯、鲤鱼灯、纸灯、大马灯、小马灯、鱼灯、虾灯、花灯、杯子舞、安源工运舞、苏区舞等。

（一）萍乡傩舞

傩舞源流久远，殷墟甲骨文卜辞中已有傩祭的记载。周代称傩舞为"国傩""大傩"，乡间也叫"乡人傩"；据《论语·乡党》记载，当孔子看见傩舞表演队伍到来时，身着礼服站在台阶上毕恭毕敬地迎接（乡人傩，朝服而阼立于阶）。由此典故引申而来，清代以后的许多文人，多把年节出会中的各种民间歌舞表演，也泛称为"乡人傩"，并为一些地方和寺庙碑文中引用。傩祭风习，自秦汉至唐宋一直沿袭下来，并不断发展，至明、清两代，傩舞虽古意犹存，但已发展成为娱乐性的风俗活动，并向戏曲发展，成为一些地区的"傩堂戏""地戏"。至今，江西、湖南、湖北、广西等地农村，仍保存着比较古老的傩舞形式，并增添了一些新的内容。如江西婺源、南丰、乐安等县的傩舞，有表现盘古开天辟地的"开山神"、传说中的"和合二仙""刘海戏金蟾"、戏剧片段的"孟姜女""白蛇传"以及反映劳动生活的"绩麻舞"等。而萍乡傩舞既保留原有的"魅面朱衣，蒙熊皮执戈扬盾"，又有新的重大变更，把主神换成了道教神仙"三元唐、葛、周三帝大将军"等。

萍乡，古称"吴头楚尾"，楚之巫风、吴之道教在这里交汇，鬼神之风极盛，这些都成为傩舞生根发芽的土壤，据地方史料记载和考古发现，萍乡傩舞这种民俗活动，初始于宋代，发展于明代，兴盛于清代。萍乡傩舞俗称"仰傩舞""耍傩舞"或"踩傩案"，"仰""耍"或"踩"都是舞的意思，是萍乡民间跳傩时为驱鬼逐疫、求神还愿的"娱人"的民俗舞蹈。这种舞蹈活动的程序是按照祭祀仪式的要求将傩神面具请出傩神庙。随后，傩舞队应乡民之约，戴着香樟木雕刻的面具挨户到村民家里去"扫堂"。这种活动新春时最为热闹，一直到元宵节后，才将傩神面具送回傩神庙，并举行收傩仪式，结束活动。若某村、某人"还愿"，活动可延续到农历四月。萍乡傩舞在宋初形成后，迅速与本地民间习俗节庆等结合，成为迎春的传统民俗，其意义远远超出驱鬼逐疫，成为一种娱人的表演艺术。

萍乡傩舞的活动时间主要有三：

一为正月驱瘟除祟、户户平安、六畜兴旺而跳。每年腊月二十四日请神出洞，这一日要请道士打醮，用新布沾水洗清傩面，供于神案。正月初一，全体傩舞队员净身洁手，到庙内穿服装、戴面具，出庙时由一人在前"喷水引路"。将烧红的木炭放入谷酒中，以蒸发的酒雾驱除污浊，意为替傩神"清路"。再将主神面具请入轿内，由"四小将"抬轿（下埠、排上等地，则将主神长年安放在轿形神龛内，供于傩案上，起动时由一人肩扛），众员随后，依次而行，到各村挨家挨户"扫堂"驱邪，一路铳鼓齐鸣，逢桥见井、遇岔道、越沟渠、进村入屋，都有一定的鼓点和套话，如"扫堂"时唱："一点东方王天哦将，哦哟，二点南方马天哦将，哦哟，三点西方天哦将，哦嗬，四点北方赵元哦将，哦嗬，皇帝将带起兵马都要扫喂堂，哦嗬……"每到一家，将主神供于神案，四天将站四角，一般表演三四支舞蹈而罢，并换一户人家。至夜，即在住宿村中表演两三个小时的节目。一般到元宵节，傩神即归庙，俗称"封洞"，由掌案人"拗诀"以后，歌舞演唱，通宵达旦。

二为农历七月，为"还愿"而跳，俗称"接福神"。这次跳傩神不是沿门而跳，而是到曾在傩神庙面前许过愿的主家去"还愿"而舞。具体日子由许愿人家自定。傩舞队要事先请纸扎匠人用篾扎好一艘船的框架，主家的船形供于神案。焚香鸣爆，念起师咒。一边唱造船，一边用纸粘在框架上，待"船"造好后，持"船"到屋里各个角落去"收瘟摄毒装邪鬼"。然后，傩舞队一行人到河边去化"船"，先唱"弟子行来到江边，阿伯水官生两边，伍瘟使者行船去，光明大路到西天……"接着杀鸭，将鸭血淋浇在纸船上，点火焚烧毕，返回许愿主家，晚上表演傩舞后，即宿于主家，第二日回庙。

三为病人治病、妇女解产而跳。主家随请随到，到主家吃午饭，下午设案，画符做准备，晚上跳傩舞。第二日吃完早饭后，主家设案，化水给孕妇喝，生了则不跳，不生则至晚用竹片点火把，跳傩舞催产。

萍乡傩舞的表演形式与风格以舞为主，只是到了"封洞"这一天，在傩庙里通宵演出时才以唱、念为主，舞台节目在都以请神捉鬼、祈求清吉平安、人畜兴旺、五谷丰登为内容，每个傩神面具有一种舞蹈。舞名用傩神名而定。有些舞有吟白，跳"将军"时吟："吾为天符名下欧阳正洞大将军，手持七星剑一轮，若有邪鬼不服者，一刀两断化灰尘。"跳"关公"时吟:"关公生于关,住在紫金山,听见锣鼓响,拖刀到此间。"跳"钟馗"时吟:"捉到小鬼,百事顺序,种田田有谷,种麦麦有收,养牛大似骆驼,养猪大似牛牯,养鸭大似鸡婆,合社人等,清吉平安。"各队舞蹈动作不尽相同,如麻山汶泉队,每个动作跳六个方向,而南坑车湘队,则每个动作必须跳八个方向。其舞蹈风格亦各有特色,麻山汶泉傩舞,古朴庄重、典雅文静;南坑车湘傩舞,却以粗犷剽悍、风趣诙谐为特点;排上毛园傩舞则以激烈奔放、勇猛刚韧而见长。但由于各傩队的表演地点,一直保持着"驱疫于衙署及各民户"沿门而舞的习俗,舞时四天将站屋的四角,配合中心人物表演,是一个定则,从而使表演场地显得非常狭小,无形中成了"花旋绕着自身转,道具贴身步轻盈,躬身亮相面具,摇摆上身脚要稳,双手胸前膝前舞,脚迈半步膝前平"的风格特点。

萍乡傩舞服饰有圆领对襟的短装,也有类似戏曲中的袍襟式样。红黄两色,不绣花,用黑布镶边,布料多为家织棉布。车湘队至今尚保存了一套民国辛巳年(1941)冬月沐恩信士周瑞华敬献的短装。

萍乡傩舞的道具,主要有傩舞面具和三角旗(分红黄两色)、大刀、铜、鞭、锁链等。傩舞面具在傩舞中有着特殊的位置,是傩舞中不可缺少的重要组成部分。萍乡傩舞,面具古态,手法夸张,刻工精细。每副面具,风格各异,现保留219副,无一副相似,令人惊叹,它能充分表现人物的性格,栩栩如生。面具的颜色由金、红、黄、黑、白五色漆而成(也有不上色的),面部的造型都偏重于实感,眉毛粗大突出,凶神恶煞,冠嵌,胡须三绺,有的眉毛三绺,笑容可掬,有的张嘴,有的抿嘴,有的撇嘴,有的咧嘴,鼻羽高,额肥大。表演者佩带时,红布缠头,将面具后的麻绳套系脑后。其他道具除三角旗和铁链外,道具木柄上均安装一铁制圆环,圆环圈子上再套上大小不等的3~5个铁环。舞时,舞者手摇兵器,铁环发出不同的响声，口中发出吆喝之声，借此创造驱鬼逐疫之声势。

萍乡傩舞的主要节目有：太子、头阵、关公、三将军、钟馗捉小鬼、赵公、关公观南北二斗、关公战颜良、欧阳白马二将军、搁剑、钟馗、起师、拜将、十二对大刀、赵子龙司马懿、点将、包公审案、祭将、张飞、和合、和尚抢土地婆、雷公电母、和尚道士、本图、船古佬、太子耍刀、瘟神下界、先锋祭拜、小鬼戏将、土地巡山、开山收鬼、功曹奏本、哪吒闹海、力斩颜良、大神点将、灶王奏本、判官捉小鬼、班师回朝、土地带金花银花、孟姜女哭长城、桃园三结义、十月怀胎、孔明摆阵（一字长蛇阵、八字阵、散席麻雀阵、龙门阵）等。

（二）萍乡灯彩

萍乡民间灯彩是萍乡传统的民间舞蹈演出形式之一。据清乾隆四十九年（1784）编修的《萍乡县志》"风俗篇"中有多处记载："上元张灯自初十日起至十六日止……""新年村市各有神会、神出，鼓吹导行""年三十夜的火，十五夜的灯"……。萍乡灯彩名目繁多，且大多数灯彩都伴有相应的舞蹈，采茶灯（舞）、龙灯（舞）、狮灯（舞）、牛灯（舞）、蚌壳灯（舞）、鱼仔灯（舞）、采莲船（舞）等。不少民间舞蹈又多是从灯彩中脱胎出来的，如放风筝、扑蝶舞、傩舞等。

萍乡灯彩的表演时间集中在正月，高潮在正月十五日元宵节，这天晚上，百灯齐出，热闹非凡。此俗代代相传，延续至今，不断发展，不断创新，表现劳动群众的生活情趣。民国十一年（1922）冬，安源路矿工人俱乐部游艺股副股长王毅和工人群众共同创编的《安源工运舞》，民国十六年（1927）后，在大安里、桐木等地流行的《苏区舞》，及抗战时期渐渐发展起来的《大刀舞》等抗战舞蹈，皆富有强烈的政治色彩与炽热的爱国热情。中华人民共和国成立初期从北方传入的《秧歌舞》《腰鼓舞》很快和传统的灯彩（舞）结合，把萍乡民间舞蹈的普及面扩大到了每个山村角落，表达了人民群众翻身得解放的喜悦心情。

1. 龙灯

分缩龙、散龙（节子龙）两大类。

缩龙，唯江西省芦溪县芦溪镇独有。关于芦溪缩龙的由来有这样几种传说。一种传说是明万历年间，朝中吏部大员严清华，年老请旨还乡养老，皇上予以恩准，并为感其一生忠心为国、清正廉明，许以珠宝厚赠，而严清华均婉言谢绝，只求皇上恩赐皇宫中仅有的两张缩龙灯图纸中的一张带回家乡，以作永久的纪念。皇上恩准，严清华带图纸还乡途中，舟行长江，恰逢狂风，一时间江上船翻舟覆，而严清华所乘之舟，突现黄龙，身托轻舟，平稳而行，安然无恙。后来皇上闻知此黄龙现出真身显灵之事，即下诏严清华："此图不得外传，否则子孙灭绝。"后严家衰败，此图被带到了古城。

另一种说法相传为明代宰相严嵩在芦溪新田村严家冲之远房族人从京都按图索骥而来。严家冲严氏家族势单力孤，无力发起缩龙表演，遂联合古城村民一道行事。经过几百年的变迁，

芦溪缩龙

严氏无后裔,这爿缩龙就保留在了现今芦溪镇的古城村。

《中国民间艺术大辞典》这样记载:"萍乡缩龙,又称'独角龙',汉族民间舞蹈。流传于江西省萍乡市芦溪镇、上埠镇等地,盛行于芦溪镇古城村。缩龙长 39 米,分为 11 节,头大,身子逐渐缩小,张开大嘴,口含龙珠,额头有'王'字,头顶有一独角,身子可长可缩。相传缩龙源于明代,严嵩之子严世蕃下野离京返乡时,带回宫廷《缩龙制作图》回分宜县。后被其族人携图迁居到萍乡市芦溪镇下湾村定居。由于龙的身体大,玩耍的人要多,特邀本村异姓人耍龙。从那时起,每三年玩一次。"表演需 150 人,其中牌灯手 40 人,鼓乐手 50 人,执龙表演的约 60 人。在锣鼓、唢呐、鞭炮声中,牌灯手开道,执龙者边走边舞,并不时地施放地铳,近 10 只通红的小鱼灯在黄色的缩龙前后左右上窜下跳,绵延百余米。缩龙表演分为"金龙闹海"(大之图)、"盘龙绕柱"(绕屋柱)、"真龙报春"(闹新年)、"神龙归位"(团龙)等十余个小节。最绝的表演是"团龙",偌大的一条龙,数十个执龙者层层叠叠如宝塔盘旋而上,龙头居顶,龙尾在龙头前舞动。不少国内外专家学者对古城缩龙赞叹不已,称该龙乃融鳄、蛇、鱼、犀牛等为一体的综合艺术形象,属河姆渡图腾文化,具有独特的审美价值和观赏价值。

2. 散龙

散龙是除缩龙外的萍乡龙灯的总称。多为竹篾扎制。用红、黄等纸糊贴或裹上黄布,内可装蜡烛或电池,使其光彩斑斓,一般为 8 至 9 节,多则可为百节,号称百节龙。前面为龙珠(引珠),后面按龙头、龙身,最后为龙尾。舞灯人配合默契,龙头、龙身、龙尾浑然一体,形成栩栩如生的"游龙戏水""金龙拾珠"态势。

散龙中的板凳龙则是用木头板凳扎成一条龙,灯队可以一条龙活动,也可两条、四条,甚至更多。既可一人舞一条龙,也可两人、三人舞一条龙,人越多,则难度越大。

清代萍乡籍诗人彭铨《元夕与客观灯》诗云:"何处纷纷古笛来,偶携嘉宾共徘徊。车驰马逐灯方闹,儿女滇人夜不回。"可见,清时萍乡元宵灯会之盛。

3. 牛带茶灯

萍乡牛带茶灯用竹篾扎制糊纸而成,最初由两人表演,一人在前提着牛灯,一人在后扶着犁杖,边歌边舞,歌词多为祈祷丰收之意。随着历史的发展,牛灯的活动内容越来越丰富。到清代乾隆年间,牛灯发展成为综合性的连缀节目——牛带茶灯,有了渔、樵、耕、读四个段落,每一段都含一个小故事,即"太公钓鱼""武吉卖柴""三伢子犁田""杨氏送饭",

牛带茶灯(萍乡市文化馆供图)

还加入曲艺《打春锣》《赞土地》《打大卦》等，最后是《茶女采茶》。

（三）萍乡扑蝶舞

扑蝶舞又称放蝶，是一种古老的汉族民俗舞蹈，每年出现在规模盛大的春节、元宵节等重大的汉族节日中。萍乡扑蝶舞表现的是少女兰玉凌来到兰桥边汲水，对水照影，忽见水中飞舞的彩蝶倒影，即起身追逐、捕捉时的一种舞蹈。蝶在花丛中或静立或起舞，随着蝴蝶的飞舞、停憩，表演者步态时而轻盈柔缓，时而欢快急促，动作多以"踏步半蹲"配合两手臂上下舞动，模仿蝴蝶的两翼上下飘动。当蝴蝶停留时，少女谨慎小心地趋步向前，蝴蝶飞起时，动作又换成原地踩步，双手两侧平肩翻手腕或揉手腕。表现姑娘与蝴蝶逗趣所产生的欢乐喜悦心情。蝶与人若即若离，时而扑入人怀，时而离人远去，离时无影无踪若隐若现。当人在绝望中，它又突然翩翩而至，引人扑捉。扑蝶者在绿叶红花中追跑、腾跳、扑闪、跳跃，时而蹑手蹑脚、小心翼翼地双手捧蝶，时而狂奔猛跑，乃至捕获后则倍加爱护地抚蝶、看蝶、亲蝶，继而心花怒放、兴高采烈。演员的感情随着轻重缓急的节奏变化，刻画出少女天真烂漫、活泼可爱、无拘无束、至真至纯的形象，把人与自然浑然一体的特征表现得淋漓尽致，达到了抒发情感的入化境界，使舞蹈具有欢快明朗、细腻朴实的特点。

（四）萍乡杯子舞

流传于湘东区排上镇一带，是民间艺人傅显才于20世纪50年代所传授流传下来的一种民间器乐歌舞之一。演唱时，演员双手指各控两只小杯子打节奏，配以舞蹈和演唱，动作多为对称造型，其基本动作是双跳不停地踩"采茶步"，双手持杯敲击，做出"高低手""云手""顺风旗"等舞蹈，载歌载舞，热闹非凡。所有自由式调为萍乡采茶戏曲调中的"大送郎"，二胡、唢呐伴奏，鼓、钹敲击配合动作。

演唱内容多为配合当时形势所创作的宣传唱词，也有为婚寿庆典唱的赞歌。

（五）安源工运舞

产生于20世纪20年代初的安源路矿工人运动中，主要舞蹈节目有《两枝花》《四季歌》《游戏》《童子军》《花木兰》《葡萄仙子》《梅花三弄》《俄罗斯交谊舞》等。舞蹈形式有双人舞、三人舞、集体舞等。舞曲既有自编的，也有民间小调，舞蹈演出时间多数是在演出文明戏（话剧）当中，当观众鼓掌欢迎再来一次时，演员们就以歌舞表示答谢。到民国十三年（1924）5月1日，工人自筹资新建的安源工人俱乐部大厦落成后，工人们从此有了自己的娱乐场所。大家高兴地唱出"来到俱乐部，心开水也甜。红旗高万丈，人也高三分"，歌舞活动更为活跃。特别是社会主义青年团、女界联合会的一批活跃分子如王毅、金泽、杨秀兰、易友梅、邓文清等积极地参与组织、开展活动。女界联合会主任王毅既是领导，又能演剧、跳舞，还是化妆能手，她经常到工人夜校和工人群众中去教歌、教舞，舞蹈《两支花》就是由她编舞并演出的，被工友们誉为"舞台上的小明星"。

（六）萍乡苏区舞

产生于土地革命战争时期，流行于萍东南苏区的茅店、新泉、张家坊、石溪、乔岭和萍西苏区的西江口、大东边，萍北苏区的桐木等地。土地革命战争时期，萍乡也建立了苏维埃政权，苏维埃政府为支持红军成立了慰劳队。据当年萍东南苏区慰劳队长王桂珍老人回忆，慰劳队成员有肖桂香、陈明菊、柱妹子、长妹子、月妹子、陈梅兰、邹云香、谭水妹、李运兵、王杏美、刘满英、王桂香和明易队长、张队长等90多人，每10人一组。红军一来，队员们都到村口唱歌跳舞，夹道欢迎。部队驻扎后，慰劳队送军鞋、洗衣补衣、护理伤员，她们还欢送新兵入伍，组织文艺晚会。她们既是慰劳队，又是支前队，还是文艺宣传队。

萍乡苏区舞大致有三种类型：一是"原始型"，又称即兴表演，动作随意，没有固定的舞步与舞姿，随唱词的内容自由发挥动作，如《暴动》《送郎当红军》等；二是"战斗型"，根据词义模仿红军战士"正步走""瞄准""杀敌""端枪""握枪"等姿势编的动作，其动作简练、干脆、强劲有力，如《士兵舞》《杀敌舞》等；三是"娱乐型"，动作有规范，有一定的舞步、舞姿，舞蹈艺术性较强，须经过一定的教练，如《葡萄仙子》《麻雀与小孩》等。

苏区舞的主要节目有《欢迎舞》《杀敌舞》《士兵舞》《操练舞》《龙冈擒瓒》《麻雀与小孩》《葡萄仙子》等，歌曲有《暴动歌》《送郎当红军》《国民党军阀》《结婚歌》《打倒帝国主义》等。

苏区舞的音乐，大部分是利用地方小调记以新歌词，易学易懂，颇受军民的欢迎。

二、曲艺

萍乡曲艺的发展历史久远。早在古代，萍乡民间盛行的说故事、讲笑话、说古和吹拉弹唱等表演，就含有曲艺的艺术元素。始于汉代的提线木偶戏和皮影戏，分别于元代和明朝传入萍乡，并盛行于清代。萍乡皮影戏以一家或一个家族为戏班，是湘赣边界民间艺术里的一朵奇葩，具有浓郁的萍乡特色。宋代时，萍乡莲花闹就在萍北赤山一带流行。又说又唱的萍乡莲花闹，演唱时由一人主唱，众人帮腔，唱词以七字句为主，也有长短句，敲鼓为节奏，每两句一韵或一篇一韵，可唱可吟，以唱带数，唱、吟、数相配，运用灵活，其音乐由正板数唱和拖腔两部分组成，旋律优美，曲调委婉,"4"音叠出,使唱和吟、拖腔地方特色尤为突出。兴于明代的萍乡春锣,又名"打春锣",流传于赣西萍乡、宜春、万载和赣中遂川及湘东浏阳、醴陵等地。它发祥于民间迎春的活动之中,以唱吉祥为主要内容,见人赞人,见物赞物,现编现唱,其唱多为两句一韵,或四句、八句一韵,并将萍乡采茶戏的"大送调""神调""反情调"融入唱腔之中,改变了以前音乐单调、变化不大的弱点,使其更富旋律性,演唱体裁更加广泛。萍乡曲艺流传至今的还有《萍乡渔鼓》《萍乡白话》《讲评》《唱八字》《赞土地》《送阳光》《打大卦》《喊彩》《送子娘娘》《讲故事》等。

(一)萍乡皮影戏

一张牛皮道尽喜怒哀乐,半边人脸收尽忠奸贤恶。皮影戏是汉族民间工艺美术与戏曲的巧妙结合,它以在灯光照射下用兽皮或纸板刻制的人物隔亮布演戏而得名,是我国民间广为流传的傀儡戏之一。相传皮影戏产生于西汉,汉武帝的宠妃李夫人死后,汉武帝思念成疾。宫中有个叫少翁的人,用素纸剪成李氏人形,将纸放在灯前投影到帷幕上,武帝看后,似见到李氏一样,病渐好。这便是皮影戏的雏形。后来发展成为皮制,再配上音乐、唱腔,慢慢形成了皮影戏。皮影戏在北宋时进入极盛时代,著名的《清明上河图》上已有多处皮影戏演出情景。皮影戏在我国不同区域有不同风格流派。北方皮影一般是用牛皮、羊皮或驴皮雕刻而成,南方皮影最早是用纸糊褙成衬壳,后改用薄牛皮雕刻而成。上色时主要使用红、黄、青、绿、黑等五种纯色的透明颜料。正是由于这些特殊的材质,使得皮影人物及道具在后背光照耀下投影到布幕上的影子显得瑰丽而晶莹剔透,具有独特的美感。沿袭传统戏曲的习惯,皮影人物被划分为生、旦、净、末、丑五个类别,更加特别的是,每个人物都由头、上身、下身、两腿、两上臂、两下臂和两手共11件连缀组成,表演者通过控制人物脖领前的一根主杆和在两手端处的两根耍杆来使人物做出各式各样的动作。

　　一口道尽千古事，双手对舞百万兵。在皮影戏的白幕上，虽然舞动的都是平面偶人之影，但其音乐与唱腔却能使人情绪起伏。喜可让人心舒气爽，悲能催人泪下泣不成声，真是演尽世间悲喜事，唱尽天下欢乐歌。演出中，薄薄的皮影在演员们娴熟的操作和默契的配合下，原本造型各异、情态神韵各有千秋的皮影人物活灵活现，配合跌宕起伏、细腻优美的唱腔，武戏里的横刀立马、马上擒贼，小旦的亭亭玉立、婀娜轻盈，还有善感多思、羞涩文静等情状，甚至打盹酣睡、挥笔弹墨等多种动作跃然眼前。鼓点稳健、锣镲铿锵，精彩的表演可让在场的观众近距离观赏和领略到皮影的艺术风采。

　　萍乡皮影戏有着浓厚的湘赣边界风格，在萍乡市尤其是在上栗县和湘东区的广大农村深受村民欢迎。

　　上栗最早在元朝和明朝就有提线木偶和皮影戏的演出。上栗风俗习惯，大年初二起到十五日，皮影戏到各地居民聚集区演出，民间艺人登门"打春""赞土地"，亲友邻里互请"春饭"。

　　上栗皮影戏是"四个男人一台戏"。表皮影戏需要搭起一个戏台，距离地面有两米多高，戏班成员有条不紊地扎好台架，放在四张桌子拼成的台子上，再围上幔子。点上一盏清油灯，调试出最好的光影效果后，演出才能正式开始。随着音乐的节奏，幕布上出现了一个个人影。角色的一举手、一投足，都因为艺人们情深意切的唱白而变得更加生动。由于受湘文化的影响，这一民间艺术不仅以上栗小调丰富戏中角色为基础，而且同时融入了湘剧花鼓戏的演唱素材。可以说，上栗皮影戏是湘赣边界民间艺术里的一朵奇葩，具有浓郁的地方特色。

　　上栗皮影的剧目内容是深层剖析当地社会民俗民风的重要材料。历代上栗皮影艺人对唱腔表演、舞台道具的材料和技艺的改良与创新从未间断过，这些经验是今人和后人的宝贵财富。上栗皮影戏拥有丰富的剧目，有神仙道化戏、历史演义戏、民俗生活戏、爱情戏、伦理戏等，在传播文化知识，保留、传承民间有价值的历史传说、风土人情、人物故事等方面，起到了宣传和教育的作用。如《王氏教女》，"娘教女哇女要听，告起女儿做好人呀，为娘教你十宗事啊，一件一宗啊记在心中哦。你在韩家做媳妇，春天好睡莫贪眠，夏天来耕种要争先，秋收冬种哦生产忙，男女老少嘛都要来帮忙……"从上栗皮影戏所反映的内容来看，它涵盖了社会生活，歌颂了真善美，鞭挞了假恶丑，深受当地群众的喜爱。上栗皮影戏的传统曲目有《王氏教女》《七姐下凡》《仁贵征东》《封神榜全集》等。在20世纪70年代，上栗的皮影戏班有很多家，比较著名的南有肖（肖云圣）家班，北有陈（陈开林）家班。逢年过节、娶妻生子，村民总爱请来皮影戏班助兴，以示庆贺。

湘东地区影响较大的皮影戏班是东桥镇界头的丁家班。清光绪年间，湘东东桥人丁光仪（1883—1973，字号喜庆老艺人）受圆觉大师及梨园大师欧阳相澄教导授业，自制牛皮纸质皮影成立演艺团到萍乡、醴陵、攸县、莲花等地为民众巡回演出。其后丁氏子孙一直组团传承发展皮影演艺技艺，至今传至丁永发，已有200多年历史。湘东皮影戏主要传承地在东桥镇一带，与湖南攸县相邻，两地方言俚语杂交为一种地方独有的白话。两地民间音乐小调糅和了赣湘地域江南唱腔的特点，念白风格独具，唱腔粗犷高亢。表演文武兼备，舞动变幻神速，鼓乐节奏明快，唱本以传统剧本为主，兼具创新。以演艺方式祈祷年年风调雨顺、五谷丰登、除凶降吉。结合农村实际，赋予古戏新唱，自编《老阿姨（龚全珍）故事》《科技种田》等剧目。在2015年全国皮影展演中，永发皮影团以一出《杨宗保破阵》获得第十二届中国民间文艺"山花奖"银奖。

萍乡皮影戏工艺制作和艺术表演精深复杂。皮影戏的角色被当地人称作"菩萨",分为花脸、小旦、小生等。皮影都是用新鲜牛皮或者鱼皮制成,需要经过描样、雕镂、着色、熨平、上油、订缀等多道工序。皮影的制作工艺都是祖传的,制作一个人物皮影最少要用半年时间。而表演皮影则需要扎好距离地面两米多高的台架,放在四张桌子拼成的台子上,再围上幔子,点上清油灯,调试出最好的光影效果后,演出才能正式开始。

萍乡皮影戏艺人丁永发在表演中

由于受到湖南民间艺术的影响,萍乡皮影戏不仅以萍乡小调丰富戏中角色,还融入了花鼓戏的演唱素材。

(二)萍乡春锣

俗称"打春锣",是中国曲艺百花园中的一朵奇葩,运用萍乡方言、兼有说唱的一种民间曲艺。以带有表演动作的说唱来叙述故事,塑造人物,表达思想感情,反映社会生活。一般以叙述为主,代言为辅,具有一人多角的特点,并与民间音乐、地方方言密切结合。演出时演员人数过去较少,仅一至三人,道具简单,后来表演人数有所增加,形式更为活泼。

萍乡春锣标示一个"春"字,表明它是与春天紧密相连,是以敲锣打鼓进行报春、颂春的一种说唱形式。"不是春歌我不唱,阳雀不叫不立春。"

可以说，萍乡春锣像是阳雀叫春鸣春。它是萍乡民俗的真实、生动反映，也是萍乡民众精气神的内在结晶与外化表现。故此，随着岁月绵延传承，为民众喜爱至今。

据《萍乡市文化艺术志》载，萍乡春锣兴于明清，盛于民国，从现存可考的明末清初民间艺人周明国开始至今，萍乡春锣有300多年历史。后来，随着艺人们的流动演唱，把春锣渐渐传到了江西宜春和湖南醴陵、浏阳等地。关于春锣的来历有多种说法，略举两种：

"周吴二姓"说。传说，在明朝年间，有个知府，在上任的头一年的春天，气候非常寒冷，而且持续时间也很久，虽说立春已有个把月了，但花草树木都未看见发芽。知府心想这不是一个好兆头，他急于想见到树草花木发的芽。于是，他立即下令，要百姓去寻找发了芽的树枝送到知府里。如谁送得早，就有奖赏。次日，便有一个姓吴的和一个姓周的两个人，找到了几枝发了芽的杨木，送到了知府衙门。知府见了，心里自然大喜，认为是送来了吉祥。吴、周两人得到了知府的重赏。知府又要他们两人明年更早些来报春。恰巧，第二年因冬季比较暖和，正月初一立春，周、吴两人手持发了芽的杨柳，分别拿一面小锣和半边特制的鼓，一齐来到知府衙门报春。他们一边敲锣，一边唱起自己编的一些好听的吉利奉承话。知府格外高兴，又给了周、吴二人双倍的奖赏。这样一来，周、吴受赏的消息传到了其他老百姓那里。来年，其他百姓也仿照着周、吴二人的样，成群结队地上衙门报春。知府见到这样多的百姓都来了，他再也不拿出自己的银钱赏给百姓。知府便对大众说："报春是件大喜事，一年之计在于春，春回大地早，是万民之福。你们可以拜吴、周二人为师，到各地村庄的乡亲们家里去报春。本府从今后，在立春时节办个盛大的迎春大会，与民同乐。"自从那时候起，各地都形成了打春锣的风俗。

"报春"说，也是最主要的传说。古时为了不误农事季节，于是便推举专人，每当寒冬过去，敲着锣鼓挨家挨户报春，一来表达对新春到来的喜悦，二则告诉人们抓紧时间备耕。报春人上门通报，必然要说些吉利话，或者讲些有趣的事。而报春人大多伶牙俐齿，能说善道，为了把话讲得生动活泼，逐渐地演变成节奏明快、语言顺溜，甚至半吟半唱的演唱形式。后又觉得只敲锣太单调，于是配上了鼓，并用黄布带扎住小锣小鼓系在身上。报春的内容也逐渐扩大，不断丰富，既报告农事，又恭贺新春；既道吉话喜，又扬善贬恶；既叙讲轶事，又传达时闻。在唱吟上逐渐音乐化，发展成萍乡春锣这种独特的曲艺形式。这正是："一打春锣二拜年，春调春词表赞言。挨家挨户春花笑，鼓点敲亮春满园。"

传统春锣由一个人演唱，艺人身披一黄色绸或布袋，将一面直径约15厘米的小鼓系在左腹部，鼓边挂一同样大小的小铜锣，左手持鼓签，右手持锣槌，敲打出"咚咚咚呛｜咚咚咚呛｜咚呛咚呛｜咚咚咚呛"的节奏，作为曲首的过门和段落之间的间奏音乐。演唱时，左手持棒击鼓沿为板。演唱的曲目一般为短篇，但也有长篇，采用叙事，一事一议。但更多是"见赞"，三皇五帝、文武百官、九流三教、平民百姓、男女老少，见人赞人；烟茶酒果、绸缎丝棉、竹禾药材、桌椅摇篮，见物赞物；起屋造船、修桥补路、蒸酒熬糖、纺纱织布，见事赞事。这种"见赞"的演唱形式，深受群众欢迎。但它要求春锣艺人具有较丰富的知识，较高的艺术素养，有应变能力，现编现唱。春锣用萍乡方言演唱，有时为了增加节奏的变化，它也采取戏曲中的垛板滚唱，这些音调与萍乡方言结合很紧，演唱者虽然演唱的主旋律和表演方式相同，但因萍乡东西南北四路的方言不尽相同，所以各路的演唱又有不同，地域特色明显。春锣的唱词数不拘，一般为两句一韵，有时也可四句或八句一韵，换韵换辙灵活自如。唱词一般为七字句、十字句，但也可添字减字，但必须语言顺畅，通俗易懂，风趣幽默，富于形象，生动活泼，一个才艺高超的老艺人，往往熟记了数以百计的小段子，对人对物对事都能应对如流。

中华人民共和国成立后，萍乡一批民间说唱艺术的活跃分子将萍乡春锣进行艺术加工，在唱腔上作了较大的修改。20世纪50年代，萍乡著名的乡间艺人荣孝善将萍乡春锣敲到了北京天安门，唱进了人民大会堂，开创了春锣登大雅之堂的先例。为了提高萍乡春锣的艺术品位，萍乡市采茶戏团原副团长雍开全将清唱的萍乡春锣进行了配曲，在唱腔上将萍乡采茶戏的反情调融合在萍乡春锣里，克服了该曲种原先唱腔低调，吐字不清等弱点和缺陷，发展为单人唱到两人或多人唱，单纯的锣鼓伴奏到增加二胡、琵琶、唢呐等乐器伴奏。萍乡春锣从内容到形式都进行了创新，由乐器单一、一个人"独自作战"的局面，发展到一些大型的乐器也为这门独特的说唱艺术服务。

1998年、2002年，作为江西唯一的代表曲种，萍乡春锣先后在内蒙古呼和浩特和北京参加了第三、四届中国曲艺节。2006年，曲目《送郎路上劝廉歌》参加中部六省比赛获表演二等奖。2007年，曲目《古怪歌》获中部六省曲艺大赛一等奖。2008年，萍乡春锣被列入第二批国家级非物质文化遗产曲艺类名录。2012年，曲目《法中有情》《将军回乡》《和字歌》分别获全国第五届曲艺大赛二等奖和"中国牡丹奖"银奖。

（三）萍乡莲花闹

莲花闹又称"莲花落"。源于唐、五代时的"散花乐"，最早为僧侣募划时所唱的警言歌曲。在宋代时就流行于全国各地，南宋僧人普济所编的《五灯会元》中已有记载，当时多为乞丐行乞所唱，行乞时总要多说些俏皮的好话、祝福的语言，老板高兴了，才有收获。这种形式行头简单，不需要多少道具，用竹板打节拍，边说边唱，为人们所喜闻乐见。因其常用"莲花落，落莲花"之类的句子做尾声或衬腔，故而又叫"莲花落"或"落子"，也有叫"莲宵"的。在宋代以后的元、明、清戏曲中都有记载。莲花闹在各地的发展中大多与本地方言相结合，由一人用竹板击节按拍说唱人物故事。其语言诙谐幽默，生活气息浓厚，形成了具有地方特色的曲艺流派。莲花闹何时流入萍乡无文字记载，据《东桥地方志》载，清乾隆后，出现专业艺人，演唱者手打竹板，按照节律进行表演，中华人民共和国成立后发展成以小鼓击奏，并用二胡、三弦、琵琶等伴奏，有说有唱，音色优美。莲花闹在萍乡主要流行于北路赤山、西路东桥一带。

萍乡莲花闹演唱时由一人主唱，众人帮腔。主唱人左手拿一莲花板（即用九节小竹板串在一起，每块间夹一铜钱），甩动莲花板，发出"沙嗒、沙嗒"的响声。右手敲一面牛皮鼓，其他人用小锣、双钹相衬。唱词以七字句为主，也有长短句，每两句一韵或一篇一韵，演唱时可唱可吟，以唱带数，唱、吟、数相配，灵活机动，优美动听，其音乐由正板唱和拖腔两部分组成，正板数唱由萍乡地方语似吟似唱，语音与唱音非常吻合，每数唱一篇的最后一句加上拖腔，拖腔一般都用帮腔，帮腔的旋律特美，曲调起伏，"4"音叠出，喜悦、明快、余味无穷。

萍乡莲花闹的传统剧目保留甚少，仅有短篇《赞出产》《赞萍乡大人物》《剿笼庄》等。曲种于1978年在市群艺馆组织音乐工作者调查采集萍乡音乐时，听民间艺人肖云圣演唱《剿笼庄》中发现并录音，音乐工作者宋华铿对其音乐在保持原有精华基础上，进行大胆的改革尝试，将肖云圣演唱的民间曲调《王氏教女》糅合进去，使其音乐更具特色，更为优美。曲艺工作者又创作了《程昌仁月夜除内奸》《刘少奇拜年》《刘少奇一身是胆》等一批新曲目，搬上舞台。这些新曲目，都成为曲种的保留曲目。

(四) 萍乡渔鼓

渔鼓历史悠久，可以上溯至唐代的"道情"，也就是道士们传道或者募化时所叙述的道家之事和道家之情。他们叙情的方式就是打渔鼓、唱道歌，所以"打渔鼓，唱道歌"是连起来说的，如唐代的《九真》《承天》(《唐会要》卷三十三)与《踏踏歌》(段常《续仙传》论蓝采和持拍板说唱者)。后来，"道情"为民间艺人所习用，宗教内容便渐趋淡化，改唱民间故事、神话传说和英雄故事，"道情、唱歌"的方式也演变为一种说唱的艺术形式。

到了元代，渔鼓已广为传唱，"诸民间子弟，不务生业，辄于城市坊镇，演唱词语，教习杂戏……击渔鼓，惑人集众"(《元史》卷一百五)。明清时期，渔鼓已形成了"有板有眼"的完整唱腔。著名爱国思想家王船山(衡阳人)就作过《愚古词》(愚古即渔鼓)二十七首。作者记有"晓风残月，一板一槌，亦自使逍遥自在"(《船山遗书》第六十四册)之句。从此，渔鼓道情便由宣扬道教出世思想的工具完全过渡为富有娱乐性、知识性的

萍乡渔鼓表演《渔民一心向党》
(大宇村供图)

民间说唱艺术。渔鼓主要分布于湖北沔阳（今仙桃）、武汉、宜昌，湖南的祁东，安徽的界首、太和、颖上、临泉、涡阳、利辛、蒙城以及河南的沈丘、项城、太康、郸城等地。

1898年，萍乡煤矿开办，一批湖北、湖南籍等外省人来到萍乡安源做工，逢年过节，湖北同乡会邀请湖北籍工友聚会，他们喝酒、猜拳、品茶、唱小曲小调……萍乡本地及湖南和其他地方的劳工们不时也会参与其中凑凑热闹，拉琴唱曲，久而久之，湖北小曲和萍乡地方调融合一起，发声发音逐渐为萍乡方言，形成了独具赣西特色的萍乡渔鼓调。"不唱天来不唱地，不唱神来不唱仙，诸位请听，听我唱唱安源山下咯新时闻……"

20世纪50年代，东桥民间艺人段先明、邓小岩进入萍乡地方剧团，他们在进团之前，学唱了渔鼓这一说唱艺术。入团后，他们把这一演唱形式运用到一些戏剧里演出，因它旋律优美，与萍乡采茶戏曲中的"道情调"相仿，曲调与萍乡方言又很吻合，很快在萍乡城区流传。工矿、学校许多群众业余文艺团体都用这一形式编排节目演出。从此，渔鼓说唱成为萍乡的又一曲种。

渔鼓的唱词一般都是七字句，一韵到底，但要求并不十分严格，音乐为两句一乐段，上句落音2，下句落音5，可根据唱词内容变换节奏快慢。其表演形式，渔鼓艺人左手抱半米长、口径8厘米左右的竹筒，艺人手抱的竹筒，既当击鼓乐器又兼表演道具，竹筒口铺上蛤蟆皮或兽皮为鼓膜。左手击鼓，右手敲竹板，打出有节奏的鼓板声。传统的渔鼓表演以一人演唱为主，即自拉自唱。随着时代的发展，渔鼓的表演形式也在不断地创新，表演人数也在逐渐增加，出现两人合唱或一人领唱众人伴唱；过去只有男人演唱，后增加了女声演唱和伴唱；原来只有站着唱，现在既有站着唱，又有坐着唱，还有走着唱；人物形象上可一人多角，即一人台戏，也可以多人多角，并配上伴舞。

渔鼓的说唱词，旧时，艺人连说带唱地讲故事，题材多为佛道两教中的善恶因果之类的民间唱本，也有《今古奇观》和《三言二拍》中的故事，此外还编唱当地的民间传奇和神话故事，或劝孝扬善的俚语村言。盲艺人以此为职业，是谋生方式之一。中华人民共和国成立前后，萍乡的渔鼓艺人著名的有市地方剧团的段先明、白竺乡的陈春生、大路里的鼓三胡子和湘东镇的陈光国。

陈氏渔鼓是萍乡渔鼓中的一个重要流派，由陈光国创立。20世纪60年代陈光国吸取外来艺人用渔鼓卖唱的形式，充分发挥萍乡地方音乐和地方语言的特点，创作出一种边说边唱、说唱结合的流派，它的唱词不受字数的限制，可多可少，句子可长可短，要求押韵，一段一韵或两句一韵，语言要求通俗、生动、形象，有生活气息。音乐则旋律优美，韵味极浓，落音在5上，与语音结合紧密，特别那些半吟半唱，也可上舞台演出，但只适合一人演唱。陈光国是既能手捧渔鼓筒打过门和节奏演唱，也可拉二胡自拉自唱。自创自唱的曲目有《董永卖身葬父》《辛婆佬喊天》《算命合婚》等。

新编的渔鼓词有《安源大罢工》《劳工记》《说唱赵银英》《寒婆岩上大寨花》《宏伟的蓝图壮丽的前程》《第一轮》《毛委员和安源工人心连心》《老阿姨》等。《老阿姨》曲目于2014年10月夺得第八届中国曲艺节最高奖——优秀节目奖，并于2016年6月29日作为江西省推荐的唯一曲目，参加由中国文联、中国曲协共同主办的"向党汇报——纪念中国共产党成立95周年全国优秀曲艺节目展演"。

1970年以后，曲目音乐进行了改革，在原有的二胡、三弦伴奏的基础上，增加了琵琶、扬琴、中胡等民乐伴奏，演奏更趋优美。可以上舞台表演，亦可在街头巷尾或串门走户单独演唱。

(五)萍乡白话

白(pa)话,又曰"讲北话",萍乡人俗称"打野哇",是以萍乡方言说的一种民间曲艺,主要流行于萍乡北路(即现上栗县大部和安源区的部分地区)一带。据萍乡市原文化局文物科袁支亮先生在上栗县赤山镇等地调查萍乡民间艺术时,当地群众说,相传明朝末期,被朝廷海禁的闽粤沿海百姓为生计,纷纷迁徙,海禁区域的驻军由于军事行动,也随之内迁,有军队内迁至萍乡驻扎。为提高士气,经常会开展一些文艺活动,并请驻地的艺人参加,表演节目,讲故事等。这种讲故事的形式,慢慢流传开来,进入民间,成为了萍乡曲艺的新种类——萍乡白话,俗称"打野哇"。打野哇,不需要音乐伴奏,也不要辅助表演,艺人将一些有趣的事,进行近似荒诞的夸张,编成押韵的顺口溜,逗人笑耍。例如白话段子《审狗蚤》:"木匠师傅心法仔好,做只囚笼来装狗蚤,三尺仔长,两尺仔高,周围四向都用铁皮子包。装到该只狗蚤伸不得脚,又直不得腰。"听白话的人,因其说得过于夸张,都会捧腹大笑。

(六)萍乡讲评

近似渔鼓,是道情的一种说唱艺术。道情,源于唐代道教在道观内所唱的经韵,为诗赞体。宋代后吸收词牌、曲牌,衍变为在民间布道时演唱的新经韵,又称道歌。用渔鼓、简板伴奏,与鼓子词相类似。之后,道情中的诗赞体一支主要流行于南方,为曲白相间的说唱道情;曲牌体的一支流行于北方,并在陕西、山西、河南、山东等地发展为戏曲道情,以《耍孩儿》《皂罗袍》《清江引》为主要唱腔,采用了秦腔及梆子的锣鼓、唱腔,逐步形成了各地的道情戏。内容有升仙道化戏、修仙劝善戏、民间生活小戏、历史故事和传奇公案戏等四类。有的地方称"渔鼓"或"竹琴"。至清代,道情同各地民间音乐结合形成了同源异流的多种形式,如太康道情、洪洞道情、陕北道情、江西道情、湖北渔鼓、四川竹琴等。道情多以唱为主，以说为辅。有坐唱、站唱、单口、对口等表演形式。道情何时传入萍乡，未见资料记载，只知开始流入时，是民间艺人（主要是盲艺人）谋生的一种方式，后来慢慢地成为萍乡地方曲艺的一种，称之为"讲评"。

萍乡讲评唱的内容是民间流传的故事。如《红绣记》《梁山伯与祝英台》《乌金记》《香山记》《四仙姑下凡》等。唱词一般为七字句，押韵，有时也可以添字减字，押韵也可以变换，唱的故事描绘很详细，如《红绣记》中，它把祝英台的身世，怎样出生，怎样长大，讲得仔仔细细，特别注重细节描写，一本《红绣记》可讲几天。表演方式有二：一为自控自唱，用二胡伴奏；二为自打自唱，用鼓（或盆）敲打节奏或过门。曲调优雅、深沉、流畅。结构为单曲体，上下两句反复，艺人可按唱词的多少及词意即兴变换。便于抒情，令人久听不腻。

（七）赞土地

赞土地，是一种闹新春的形式。每年大年初一至正月十五（元宵节）称新春。

相传清朝时，有一位卖青布的商贾，外出做生意，途中被强盗洗劫，无法回家面见妻儿老小，于是在土地庙内准备自杀，土地爷显灵，及时将他劝解，并要他求助于民众，一定能解决问题。卖布商贾一想也是，便放弃了轻生的念头，但又不知用什么办法去求助民众，他问计于土地爷，这时外面来了一个艺人，他一面敲打秤盘，一面唱道："一步高来二步低，三步四步上阶基，五步六步跨门槛，又怕金子银子挺脚板。进得门来打一躬，一讨住宿二讨包封。"商贾闻听，颇受启发，说道："大师，你我都是落难之人，说什么讨住宿，今晚你我将就将就。"来人道："你肩上青布值千金，手上量尺有寸分，再加上我这个敲得响的聚宝盆，你算什么落难人？"说完后来人就不见了，只留下一个秤盘。

商贾想到，这一定是土地爷显灵指点，我何不像来人一样，敲打秤盘来求助乡亲。于是拿起秤盘，用量尺边敲边唱起来："肩上青布值千金，手上量尺有寸分。聚宝盆中有斤两，可算万事不求人。我今落难难回转，特向主东打秋风。"秤盘敲响，引来众人观看，看者都赏赐银两，商贾接银谢唱道："接罢银两打个躬，一谢各位赐盘程，二谢师傅真传教，三谢土地救命恩……"

赞土地何时传入萍乡，没有资料记载。但至今在萍乡乡村仍广为流传。萍乡流传赞土地的故事与湖南流传的"青布商贾"传说有别，萍乡是"黄公土地"说。据湘东区老关镇关里村老艺人何裕连讲述，土地公公姓黄，故称黄公土地。他有一父两母，兄弟五个，均封为土地神，"赞土地"中的是土地神五兄弟中最小的一个。

萍乡的"赞土地"是为庆贺喜事所举行的民间娱乐活动，如贺新屋、贺新郎、贺新春等。一般是在农历正月初七以后开始，直至到二月初二土地公公生日后。

"赞土地"活动由一支民间艺人组成的队伍来完成，这支队伍叫作"班子"，扮演"土地公公"的是这个班子的主要人物。这个角色必须会念、会唱、会表演动作，还具有临场发挥，见什么说什么的应变能力。他身披长袍，头戴布帽，脸挂髯口，手执法帚，进行表演。另有一班锣鼓伴奏，其中包括有拉二胡、吹唢呐的，还有2个提灯手，共计10人组成。

三、民间音乐

20世纪60—80年代，萍乡先后三次出土三组西周的编钟。钟，是古代的一种打击乐器，是新石器时代晚期的遗物，商代以来的钟为铜制，多分为大小三枚组合起来的编钟，成为按一定音列的乐器。编钟在萍乡的出土，足可证明，至少西周时音乐就已在萍乡流行。

两晋南北朝期间，战乱频繁，朝代更迭，社会动荡，民族迁移，在音乐史上成为一个承前启后的重要时期。晋室东渡后，"中原旧曲"与南方音乐互为交流，这种音乐文化的交流，自然也影响着萍乡音乐的发展。随着傩舞、皮影戏、莲花闹、采茶戏、春锣、渔鼓、花锣鼓、围鼓、灯彩、民歌、湘剧、花鼓戏等民间艺术在萍乡流播，萍乡音乐也发展较快，乐器的种类愈来愈全，堂鼓、锣、唢呐、钹、竹笛、二胡、京胡、西洋乐器等普遍用于艺术表演之中。

中华人民共和国成立以后，萍乡的音乐文化在继承和发扬传统音乐文化的基础上，不断改革创新。传统的萍乡采茶戏的音乐伴奏是以管弦乐为主，有唢呐、二胡、板胡、三弦、笛子等，打击乐有班鼓、锣、钹、堂鼓、小鼓等。随着剧种的发展，伴奏音乐有较大的发展，乐器的种类增多，特别是增加了扬琴、琵琶、电子琴、电吉他等乐器。皮影戏由演唱者手打竹板，按照节拍进行表演，发展成以小鼓击奏，并用二胡、三弦、琵琶等伴奏，有说有唱。1970年以后，萍乡渔鼓曲目音乐进行改革，在原有的二胡、三弦伴奏的基础上，增加琵琶、扬琴、中胡等民乐伴奏，演奏更趋优美。萍乡春锣由单纯的锣鼓伴奏到增加二胡、琵琶、唢呐等乐器伴奏。20世纪80年代中期，铜管乐队成为萍乡一道靓丽的风景线，全国闻名。随着科技的进步与发展，新的、现代化的乐器在萍乡的各类艺术表演中不断出现。

（一）萍乡花锣鼓

锣鼓，是中国最为重要的传统乐器之一，"无鼓不成乐"；锣鼓，是中国最为普及的传统乐器之一，"民间无乐不锣鼓"；锣鼓，是中国最为古老的乐器，4000多年前的"鼍鼓"、公元前16世纪甲骨文中大同小异的35种"鼓"字、汉代的铜锣、魏晋时期的铜钹都是其发展演进的见证；锣鼓，更是在中国历史上延展最为广阔的乐器，宗教、政治、军事、劳动、生活，几近于无处不在；锣鼓，是戏剧节奏的支柱，中国戏曲中的唱念、表演、舞蹈、武打，都具有很强的节奏性，而锣鼓是一种音响强烈、节奏鲜明的乐器，有了锣鼓的伴奏配合，能增强戏曲演唱、表演的节奏感和动作的准确性，帮助表现人物情绪，点染戏剧色彩，烘托和渲染舞台气氛。

花锣鼓是萍乡极为普及的一种打击乐演奏。"花"有两层含意：一是"精"，表明花锣鼓为打击乐艺术中的极品；二是指锣鼓演奏的曲牌众多，花样变幻无穷。据调查，花锣鼓的引子（曲牌）在50个以上，因此，演奏起来近似于表演一场轻音乐会，能让人在这种特殊的情感艺术中得到美的享受。

萍乡的花锣鼓源于何时，至今无据可考，但它伴随萍乡民俗文化的产生而产生，随着萍乡民俗文化的发展而发展是毋庸置疑的。萍乡花锣鼓乐队一般由5至7人组成，配有小堂鼓，正、副钹，大锣、小锣带云锣，20世纪90年代左右增加了唢呐。在萍乡的湘东地区，花锣鼓是夹钹锣鼓，在锣鼓的演奏中用两副钹前后交替夹击而得名。夹钹锣鼓的巧妙处，就是借用双声部的音乐原理，使其节拍更加紧凑，旋律更加优美，演奏起来势如惊涛拍岸，欢快热烈。再是闹年锣，"闹"就是"弄"，或者"闹热"起来。为了热闹，萍乡人就在主奏乐器上做文章，即特制5公斤以上的大筛饼锣，打击起来声音雄浑，节奏沉稳，高亢铿锵，势如江河奔腾、春雷翻滚，让人在这种激越热闹的音乐氛围中消除倦意，振奋精神。

花锣鼓演奏明快轻松又热烈奔放，在演奏中，以曲牌贯通始终。打击的基本功是演奏的关键，只有让各种乐器巧妙构成行云流水般的音乐画面，才能凸显花锣鼓的艺术效果。鼓为"一根线",用双槌或单槌打击鼓膜、鼓边而产生的不同效果来演奏曲牌,并通过紧敲密打的方法,填补缝合其他乐器间的空隙与缺陷,达到演奏效果的协调、丰满。锣为"一条索",意为音乐旋律中的主音和骨干音,把握不住就会使演奏泡汤。在打击技巧上,一般利用右手后掌夹钹锣鼓靠挨锣背或左手四指摩擦锣面,或使用重击高悬等打法来调节高低音以及音色、音调。钹也是演奏中不可缺少的乐器之一,通过快击密打和一扣一张的颤音为演奏增色。锣的主要作用就是打"点子",指挥演奏节拍,同时也可以通过"抛"或左手掌的"空""实"等技巧,来变换音响花样,使演奏更加活跃动听。唢呐在花锣鼓中始终担任伴奏的角色,通过把握呼吸(运气)、舌与唇的吐气(用力)以及指法(颤音、滑音)等技巧进行演奏,穿插其中不仅可以为花锣鼓锦上添花,而且能明题点睛,渲染气氛,调动情绪。唢呐可独奏也可几只唢呐一起重奏、合奏。

花锣鼓在民间使用范围广,十分普遍,如红白喜事、演戏、耍灯、庆典等都离不开花锣鼓。萍乡境内城乡花锣鼓演奏风格各异,颇具特色。在农村村村有花锣鼓班,仅上栗一县就有500余支,队员3000多人。

(二)萍乡围鼓

又称"打围鼓",流布于全市各地,形式类似"座唱""清唱",相传流入萍乡有近200年。萍乡围鼓是民间丧葬祭祀中一种特殊的形式,是以"热闹"为目的,悲事喜办的鼓乐演唱活动。艺人们围坐在孝堂旁,手中演奏,口中演唱,不要化妆,也无须表演动作,围观者或听或看。

演唱以"司鼓"为核心,每班6~7人,配有堂鼓、大锣、小锣、钹、唢呐、竹笛、二胡,20世纪90年代左右增加弹拨乐器。演唱内容丰富,有采茶戏、花鼓戏、湘剧中的片段,还有宗教音乐、江南丝竹、广东音乐及歌曲演奏等,因时、因地、因事选择相应的曲目,具有灵活性、针对性强的特点。但一般都以湘剧高腔为主。演出者都身兼数职,既能演奏乐器,又能演唱角色,有的精通生、旦、净、丑各行当的角色。所唱曲调以"工尺"南北为主,"西皮""二黄""反二黄"适当。班子较量时分"文戏""武戏"两大类,文戏有《刘备招亲》《徐庶荐葛》等,武戏有《薛刚反唐》《逼将》《龙虎斗》等。谁先打了武戏,就说明谁先挑战,由此而开始较量,谁也不会相让,特别起劲,热闹非凡,旁听者协同双方鼓劲。1984年以前,围鼓戏班成员全是男性,女人不参加。1984年后,铜管乐兴起,围鼓戏班开始加入女角,形式更加多样,内容更加丰富。

(三)萍乡民歌

民歌是萍乡民间最古老、最普及而又最简单的传统文艺形式之一。一人唱众人和,或俩人对唱,或轮流接唱,风趣幽默,生动活泼,乡土味特浓。萍乡民歌起源于何年何代无考。萍乡最早见于记载的是道教音乐,清乾隆四十九年(1784)所修《萍乡县志》载:"新年村市各有神会,神出鼓吹导引。"后在民国二十四年(1935)刘洪辟所修《昭萍志略》记载清末"插田时击鼓而歌",谓之"插田歌"。

萍乡民歌的种类大致可分山歌、田歌、灯歌、风俗歌等5种。号子、茶歌、渔歌亦有,但不多。萍乡民歌由于"十里不同音"的语言差异,分东、南、西、小西、北、中六路,特点各不相同,唯中部地域为标准的萍乡话。

1. 山歌　萍乡人俗称"喊嚎歌",嚎有高声号叫的意思。其音词、声腔高昂,旋律起伏大,中间还有垛句,速度可变化,节奏自由,主要流行于除中部外的其他五路的自然区域内。

2. 田歌　插田时所唱,是萍乡一古老歌种。每当春插,人们互相帮工时,东家需备饭,一般为早上扯秧,上午下午插田。扯秧时,大家对唱山歌,激励干劲,减少疲倦。大户有钱人家,则请专职歌师,唱者坐立田埂上，有时则烧围火插田，歌师走来走去，有的还表演翻筋斗等节目。田歌有一定的套话，也有即兴创作，可亦唱亦嚎，一领众或俩人对唱，唱腔高昂，真假嗓结合，利用颤音，很有特色，歌不失字，声不传颤。其歌简练，形象生动，普遍运用比兴手法，如"清早起来暗沉沉，梧桐树上挂灯笼。大风吹倒梧桐树，打烂灯笼满天红"。田歌的套话就是早晨有早晨的唱法，进屋有进屋的唱法，收工有收工的唱法。如早晨的唱法："清早起来雾茫茫，草鞋打卦定阴阳。脚踏秧田测四方，扯出秧根白如霜。哥拿丝布拦腰绑，不知此秧落何方。"进屋的唱法是："唱歌唱到屋里来，屋里搭起八仙台，八仙台上好饮酒，文武两官都请来。"收工的唱法是："日头落山坳背阴，唱支歌来谢东君，恭喜老板作运好，一年作出两头春……"从音乐上看，其特点是音少，音域也不宽，但音乐、旋律线起伏较大，一般以"1 3 5, 6 1 2"为骨干音，且颤音、长音多。

3. 小调　如果说山歌是山野之曲，小调就是里巷之歌。小调多数反映日常生活，曲调多抒情流畅，结构整齐，节奏规范，常以"四季""五更""十个月""十二个月"等联缀声为歌词。

4. 盘歌　又称"孝歌""夜鼓歌""夜子歌""孝堂歌"。是流行在湘赣边界的一种啼孝堂的歌体，原本与"放牛山歌"差别很大，但在日长月久的流传中，"盘歌"与"放牛山歌"渐渐有了相通，在形式和内容上都相差不大。盘歌由甲乙双方互相答对，你来我往，妙趣横生，其味无穷。

5. 情歌　民间反映男女爱情的歌曲，是萍乡民歌中数量最多的部分。以七字句为主，大多为即兴之作并世代相传。广泛利用比兴手法，语言质朴生动。如《想起妹妹困不着》的唱词："八月里头蚊子多，想起妹妹困不着。有心窗下来喊你，又怕你家狗咬我。"

6. 萍乡农民铜管乐　最早是在1983年4月，由湘东区东桥公社五峰大队汤贵成、汤家纯为首的 13 名青年农民集资数千元,三下长沙购齐一套铜管乐,又到市群众艺术馆请来老师,传授演奏技巧。由此诞生了全市第一支农民铜管乐队。同年冬,湘东区文化局在东桥公社召开全区文化工作会议,为扶持五峰大队的农民铜管乐队,特调其来给会议演出,并予以充分肯定,向全区推广。此后,农民铜管乐队迅速发展,很快风靡全市。到 1984 年底,全市成立了 40 多支农民铜管乐队。1985 年 5 月 15 日,湘东区举行首届农民铜管乐大赛,有 15 支队伍参加比赛。同年 7 月 1 日,萍乡市举办全市农民铜管乐调演,全市 27 支乐队 400 多人参加吹奏,影响甚大。同年 12 月 25 日,应江西省文化厅邀请,湘东区组建农民铜管乐团代表萍乡市赴宜春为全省首届农民戏剧节开幕式演奏。1986 年 3 月 1 日,《人民日报》发表《赣西农村迷人的乐队》一文,全面介绍湘东区农民铜管乐队的组织、发展及活动情况。5 月 30 日,在湘东区委、区人民政府的关心重视下,"湘东区农民铜管乐协会"正式成立,江西省文化厅发来贺电。协会的成立,为农民铜管乐步入正确的轨道奠定了有力基础。10 月,应省文化厅的再一次邀请,湘东区农民铜

湘东区农民铜管乐队

管乐团赴省会南昌,在江西省艺术剧院参加省市军民庆祝国庆文艺晚会演出。《江西画报》以《"土包子"吹洋号》为题,介绍湘东区农民铜管乐队。1988年9月10日,城关区(今安源区)郊区乡农民铜管乐队,应邀参加在大连市举行的首届中国农民吹奏乐邀请赛,全队获优秀演出奖,4人获优秀乐手奖,1人获特别奖,市群众艺术馆获组织奖,萍乡农民铜管成为全国五强之一。

第三节 戏剧

一、剧种

萍乡的戏剧主要有采茶戏、湘剧、京剧、花鼓戏、越剧等剧种。萍乡采茶戏是唯一的地方剧种,湘剧、京剧、花鼓戏、越剧等为外来剧种。

(一)萍乡采茶戏

萍乡采茶戏是江西采茶戏的一支,亦名萍乡地方戏,是在萍乡地区形成并发展起来的地方戏曲剧种,流行于市内城乡和湘赣边陲。萍乡采茶戏形成于明朝末年,它由萍乡民间灯彩发展到有简单故事情节的表演唱,受来自粤东的"三角班"、赣南采茶戏和湖南花鼓戏的影响,经萍乡民间艺人的创造而逐渐形成。萍乡采茶戏最早见诸文字记载是在清道光十九年(1839)萍乡下埠人黄启衔著《近事录真》载,"采茶戏亦名'三角班',相传来自粤东,两旦一花面,所唱皆俚语淫词"。

明朝末年,萍乡民间茶灯出现了有胡琴与笛子相合,锣鼓与唢呐伴奏的说唱表演,节目有《三伢子犁田》《杨氏送饭》《武吉卖柴》《太公钓鱼》。《三伢子犁田》和《杨氏送饭》两节为一个故事,《武吉卖柴》和《太公钓鱼》两节为一个故事。其中《三伢子犁田》一节用一头纸扎的牛进行表演,故称为"牛带茶灯"。牛带茶灯中,表演人员增多,并有简单的化妆。表演完后,有的主人以酒饭招待,为答谢主人盛情,艺人又加演一些即兴表演的小故事。"牛带茶灯"形式的彩灯出现,使茶灯的艺术发生了质的变化,开始向戏曲表演过渡,成为最初采茶戏的雏形。

明末清初,萍乡地区因连年水灾兵乱,土著人口损失五分之四,人烟稀少。而沿海闽南粤东又遭海禁,大量闽人、粤人经赣南流入萍乡山区搭棚居住,垦荒谋生,当地人称其为"棚民"。棚民与土著人交流融合的过程中,带来了闽粤赣边的赣南采茶戏。至清康熙、乾隆年间,萍乡经济日趋繁荣,人口逐年增加,已具雏形的萍乡采茶戏受赣南采茶剧目和曲调以及表演形式的影响,得到迅速发展,逐步完善。到清道光年间,已相当盛行。《近事录真》载:"近吾袁州至长沙各处,此风大炽,乡村彻夜及笋,观半月神魂飘荡,于无人处,低声效其歌。"由此可见,此时的采茶戏已具规模,风行于世,民众对采茶戏的喜爱近于痴迷。

清末,在洋务运动的推动下,安源煤矿开发,株萍铁路通车,汉冶萍公司成立,大批湘鄂农民涌入安源做工,湖南和湖北花鼓戏亦伴随流入。由于花鼓戏与采茶戏风格相近,两者自然而然地合流。善于兼容并收的萍乡采茶,又从花鼓戏中汲取艺术元素,丰富剧目曲调和表演手法,更趋完善,更受民众欢迎,但仍未成为一个独立的剧种。

中华人民共和国成立后,1950年7月组建的萍乡县戏曲改革工作队对民间流传的采茶戏剧目和音乐曲调进行搜集整理,并从获得的20余个剧目中挑选4个改编,确定以萍乡话为剧种语言,从400余首曲调中挑选100

余首与剧种语言相适应的为剧种常用曲调，试排经过改编的剧目《兰桥会》《七姐下凡》《卖杂货》《哨笋》，演出后反应热烈，好评如潮。1952年正式成立萍乡采茶戏的第一个专业艺术团体，定名为萍乡县地方剧团。1958年8月成立莲花县地方剧团。剧团对原有的传统剧目进行挖掘、整理、改革，推陈出新，确定以创作演出现代戏为主要剧目的建设方针，大大地促进了剧种的发展，在编、导、演及舞美设计上，逐步形成自己的特点，生产出大量的剧目，从而使一个长期停留在民间的"三角班"式的鲜为人知的小剧种，发展成行当齐全，大、小、古、今剧目都有的艺术上成熟的剧种，以自己的特色载入《中国戏剧大词典》。两团在20世纪80年代均更名为采茶剧团。从此，萍乡采茶戏进入新的发展时期。《牛二宝经商》获江西省第一届玉茗花戏剧节编剧、导演、演出、舞美设计4个单项一等奖。《苦寒寨志异》获江西省第二届玉茗花戏剧节二等奖。《村长轶事》获江西省第三届玉茗花戏剧节三等奖。《榨油坊风情》，进京参加全国戏曲现代戏交流演出，

萍乡采茶戏《榨油坊风情》剧照

获文化部颁发的文华奖及编剧、导演、表演、音乐设计、舞美设计单项文华奖；获中宣部"五个一工程"奖；获中国戏剧家协会颁发的曹禺戏剧文学奖，中国戏剧家协会将该剧拍摄成电视艺术片，选入《中国戏曲经典集锦》，主演赵一青获文华演员奖和中国戏剧家协会梅花奖。《喊山》获江西省第五届玉茗花戏剧节剧目一等奖。《新反情·复情》获江西省第六届玉茗花戏剧节一等奖。《燃烧的玫瑰》进京参加代表剧目调演，获中宣部"五个一工程"奖入围奖。《有事找老杨》获第五届江西艺术节玉茗花大奖，选调进京汇报演出。萍乡采茶戏已被列入江西省非物质文化遗产名录。

萍乡采茶戏的传统剧目以偏重唱功的文戏为主，亦有部分武戏。在演技上唱做并重。丑角的矮子步、扇子功，旦角的手巾及梳妆、挑手、刺绣、舌花等，动作精练、感情细腻。

萍乡采茶戏的服装、道具、化妆形式简单，穿褶裙，头戴绉纱，满头珠粒。小丑则鼻子抹白粉，无特别脸谱，现代戏则采用生活妆，以规范的萍乡话为剧种的舞台语言，雅俗共赏，地方特色鲜明。唱腔用《中州韵》十三辙，讲究吐字归韵，字正腔圆有韵味，曲调为曲牌的联袂体，常用的有茶灯类、民歌小调类、词调类、歌腔类、神川类等五类40余种。萍乡采茶戏的音乐伴奏以管弦乐为主，有唢呐、二胡、板胡、三弦、笛子等，打击乐有班鼓、锣、钹、堂鼓、小鼓等。随着剧种的发展，伴奏音乐有较大的发展，乐器的种类增多，特别是增加了扬琴、琵琶、电子琴、电吉他等乐器。

（二）湘剧

萍乡是湘剧形成和发展的重要源头之一，民间俗称"大戏班"。

清光绪二十六年（1900），湖南浏阳北乡人暨镇宝来萍乡上栗镇首创湘剧科班——"清华班"，自任主教，收弟子30余人，历时4年，共办2

科。清光绪三十二年（1906），萍乡籍人姚能三、刘汉初在萍乡城区凤凰池开办"凤鸣班"，聘请暨镇宝、何绍祥为教练，历时8年，共办5科。民国三年（1914）宣风邹云湘等3人接管"凤鸣班"，在宣风邹家大屋瑞公祠开办"凤仪班"，民国八年（1919）班散。民国十三年（1924），宣风吴苞生在瑞公祠创办"春庆班"。民国十四年（1925）春，在城区凤凰池由商界姚能三、刘汉初等人招集原凤鸣科班中部分出科的弟子和商户弟子30余人，筹组成立业余湘剧班，演出的节目有《挡大后》《二进宫》《女起解》《界牌关》《天水难收》等80余出折子戏，先后借用天符宫庙历年用来"扎故事"的行头，后用商号捐赠，制齐"五箱""六场"，历时6年，演出近200场。这一业余湘剧班，被萍乡民众称为"掇掇班"，因其首场演出中，有的演员初登舞台怯场，要师傅在侧幕后边指点、怂恿、做小动作，被观众发现而得名。民国十九年（1930），凤鸣科班出班弟子常凤玉又在城区凤凰池创办"同庆班"。民国二十三年（1934）陈诚甫在芦溪镇创办"同乐班"。"同庆""同乐"两班都散于民国二十九年（1940）。中华人民共和国成立前夕，萍乡的湘剧戏班仅存"春庆班"。湘剧科班自"清华班"至"同乐班"，在萍乡30余年，接连不断，培养湘剧弟子300多人。这些专业和业余的湘剧科班，推动了湘剧剧种的发展，科班主教暨镇宝各行当都可教授，可说是湘剧全才，被誉为萍乡湘剧的"曾祖"，为湘剧培养了大批人才。萍乡湘剧凤鸣科班，是萍乡湘剧开班最早的湘剧班之一，规模大，人才行当齐，演员名气大的湘剧主要科班之一，凤鸣科班出科的演员成为当时直至中华人民共和国成立后萍乡、醴陵、湘潭、长沙等湘剧班社和湘剧专业艺术表演团体的主要艺术骨干。湖南省著名湘剧演员、被全国戏剧评议界誉为湘剧"袍带小生的代表"周文湘就是萍乡宣风人氏，自幼习艺湘剧，后在长沙表演湘剧，演技精湛，闻名全国。

中华人民共和国成立后，在萍乡虽然专业的湘剧艺术表演团体仅有"春庆班"，但业余湘剧艺术表演持续不断，中华人民共和国成立初期各乡村成立的农民业余剧团中，有不少节目是湘剧艺术的表演，有的村还办起了业余湘剧班。1962年，莲花县三板桥公社院背村业余湘剧团成立，全村80余户人家，每户集资50元，加上个人捐款，筹集资金5000余元，到长沙购买全套古典戏装，聘请著名湘剧演员铜钟等三位师傅教戏，经过三个多月的勤学苦练，于1962年中秋节上演了第一台湘剧《大破天门阵》，深受观众喜爱，在短短的几年里，先后演出了《薛刚反唐》《刀劈三关》《界牌关》《打渔杀家》《空城计》等十几个古典剧目。20世纪80年代，上栗县赤山楼前村成立湘剧团。

（三）京剧

1922年，安源路矿工人俱乐部成立，设立游艺股，成立业余工人剧团，演出中曾有《苏三起解》等京剧。到1939年，萍乡中学等部分学生开始学唱京剧，在学界师生中逐渐引发较浓厚的兴趣，很快在城乡产生影响。7月中旬，萍乡城区、芦溪、上埠等地商界、学界的京剧爱好者，相继组成业余京剧团，学排《苏三起解》《捉放曹》《打渔杀家》等20多出折子戏，在城乡公演。

1963年10月，宜春地区文教处为调整演出团体布局，将宜春地区京剧二团调萍乡，由萍乡市接管，定名为萍乡市京剧团。20世纪80年代中期以后，戏剧演出陷入低谷，2000年市京剧团与市采茶剧团合并为萍乡市歌舞剧团有限公司，仍保留有京剧剧目。在萍乡虽然没有专业的京剧表演团体，但京剧爱好者非常广泛。2003年6月，萍乡市金凤凰京剧戏迷俱乐部成立，100多名票友以"振兴京剧、弘扬国粹"为己任，积极开展各种活动。他们经常进社区、下乡村无偿为群众表演京剧节目，仅2005年就演出40多场，还经常与全国各地票友及湘、赣两省诸多票房进行联谊活动。

(四) 花鼓戏

花鼓戏是流行于湖南省的地方戏，由于萍乡与湖南省接壤，受三湘文化影响，民间多演唱花鼓戏，萍乡地方戏剧——采茶戏在形成的过程中汲取了花鼓戏的艺术养分，在湘东、上栗、莲花与湖南省邻近的乡村，村村唱花鼓戏。到20世纪50年代，萍乡的花鼓戏表演非常活跃，有的村成立了业余花鼓戏剧团，如湘东区排上镇石甲坊等村就有业余花鼓戏剧团，经常演出的剧目有《小放牛》《刘海砍樵》《小姑贤》《马前泼水》《葛麻》《哑子驮妻》《七姐下凡》《四郎探母》《五女拜寿》《放风筝》《兄妹开荒》等。"文化大革命"期间，花鼓戏表演在萍乡曾一度消沉，20世纪80年代后，又逐渐恢复起来。

二、表演团体

清道光以前，萍乡还没有专业的文艺表演团体，演出都是业余的，演员多为乡间艺匠、裁缝、木匠、泥工、篾匠等。据《萍乡文化艺术志》载，"清光绪二十九年（1906），湘剧在萍乡上栗镇旋即又在城区凤凰池，宣风瑞公祠开办科班，进行演出。从此，业余戏剧活动中出现大戏班。"1922年，安源路矿工人俱乐部成立，俱乐部设立游艺股，游艺股组建了工人业余剧团。第二次国内革命战争时期，在萍乡，由中国共产党领导的苏维埃区域内，各区、乡和地方武装中成立了多种形式的业余文艺队伍。抗战爆发后，为唤起民众团结抗日，各界人士特别是学界师生，纷纷成立师生业余剧团，排演话剧，到城乡演出。广大民众也相继成立业余剧团，如宣风镇成立露露话剧团，县城青年成立萍乡青年联合剧团，鼓动、宣传抗战。1940年前后，京剧亦开始在萍乡流行，城区、芦溪、上埠等地相继成立业余京剧演出团体。1949年中华人民共和国成立，人民翻身解放，怀着对共产党的感激，对毛主席的热爱，用文艺的形式歌颂共产党，歌颂毛主席，歌颂新中国，群众文艺演活动出空前活跃。11月，安源镇教师50多人，首先组成业余剧团。1951年，莲花县"工商联业余剧团"成立。到1951年底，萍乡全县业余剧团迅速发展到315个，莲花县22个。1953年莲花县业余剧团206个。1954年，萍乡整顿业余剧团，由315个缩减为220个，1959年回升到297个，1959年达到950个，参加演出的演职员达1万多人。莲花县1961年对全县业余剧团进行整顿，凡条件不具备的予以解散，办得好的加强组织领导，使之完善。1966年，"文化大革命"开始，业余剧团改为"毛泽东思想文艺宣传队"，以演唱语录歌曲和革命现代样板戏为主。"文化大革命"结束后，"毛泽东思想文艺宣传队"恢复为业余剧团。1969年，萍乡市基干民兵独立团创演队成立。1978年开始，业余剧团的经费由过去集体全部负担，改为赞助形式，业余剧团逐渐由集体组织转变为自由组合的群众性自发组织，或以家族为主的演出团体，仅在春节期间或重大活动时临时组团演出，有的代表村（社区）、镇（乡）、县、市，参加上级的文艺调演。1980年5月，上栗桐木业余剧团代表萍乡市参加文化部主办的"全国部分省市自治区农民业余艺术调演"，两次进怀仁堂为中央领导演出。20世纪80年代后，这种形式的业余文艺表演团体不断出现，如傩舞队、铜管乐队、彩灯队、花锣鼓队、腰鼓队、文艺宣传队、皮影戏剧团、采茶戏剧团、湘剧团、花鼓戏剧团、社区艺术团等。至2015年，仅安源区就有腰鼓队52支、军鼓队43支、艺术团21个、民间文艺表演队37个、京剧票友俱乐部2个。

萍乡的专业表演团体是中华人民共和国成立后才有的。1950年5月，萍乡县委文工队成立，它是一支土地改革的宣传队和工作队，以文艺的形式宣传党的方针政策和中心任务。1951年7月，萍乡县文联戏曲改革工作队成立，县文化馆聘请刘炳凤、文云生等三位老艺人，同时招收新学员13人，队部设文庙内。排练自创剧目《红花桥》，传统剧目《李三娘过江》等小型剧目，在境内农村、厂矿演出，很受欢迎。1952年2月，县委文工队撤销，部分演员调入戏改队。同年11月，戏改队改称萍乡县地方剧团。1954年经江西省文化厅登记，湘剧科班春庆班，定名为萍乡县湘剧团，由业余大戏班成为专业剧团。同年10月，越剧团落户萍乡。1956年杂技团落户萍乡。1958年8月，莲花县地方剧团成立。1959年萍矿业余文工团改为萍矿歌舞团，成为专业表演团体。1963年10月，萍乡市京剧团成立。至2015年底，萍乡的专业表演团体有：萍乡市采茶剧团、莲花县采茶剧团、萍乡矿业集团艺术团、江西萍钢实业股份有限公司博升艺术团等。

（一）萍乡市采茶剧团

前身是成立于1951年7月的萍乡县戏曲工作队。1952年戏曲工作队改称为萍乡地方剧团，由中共萍乡县委宣传部副部长张钦才兼任团长。1965年4月，转为地方国营。1968年8月，剧团并入萍乡文艺工作团，1972年1月恢复建制，更名为萍乡市地方剧团，人员67人。1984年10月，改名为萍乡市采茶剧团。1952—1996年，上演剧目278台，创作并排练演出新剧目70台，其中大戏39台，小戏31台78出。在汇演中获得多项奖项，影响较大的有《小女婿》《梁山伯与祝英台》《田螺姑娘》《吴燕花》《武功山英雄传》《安源大罢工》《老兵新传》《萍醴狂飙》《疯审》《寨上红》《今日盘点》《飞雪迎春》《长缨在手》《绿染天涯》《芦花湾》《牛二宝经商》《榨油坊风情》等。其中，1959年创作的革命历史剧《安源大罢工》，参加江西省庆祝新中国成立10周年文艺汇演，获编剧、导演、表演、音乐设计、舞美设计等多项大奖，剧本由中国戏剧出版社出版，中国唱片公司录制唱片

3张，中国青年京剧团改成京剧演出。《榨油坊风情》在1995年全国戏曲现代戏交流演出中，获优秀剧目奖、优秀编剧奖、优秀导演奖、优秀音乐奖、优秀舞美设计灯光奖，赵一青、雍开全、胡爱萍获优秀表演奖，1996年5月，中国第六届文华奖评选揭晓，颜梅魁、彭林、赵一青、曾祥嗣、皮克分别获编剧、导演、表演、音乐设计、舞美设计5个单项奖，9月获中共中央宣传部"五个一工程"奖，10月获中国戏剧家协会第三届曹禺戏剧文学奖，并被中国剧协拍成电视舞台艺术片，被选入《中国戏曲经典集锦》。2001年10月，与市京剧团合署办公。

（二）萍乡市京剧团

1963年10月，宜春地区文教处为调整演出团体，将宜春地区京剧二团调萍乡，由萍乡接管，定名为萍乡市京剧团。1964年，北京市文化局推荐赵小兰等10人来团工作，力量得到充实。这一时期，萍乡市京剧团除经常上演《黄飞虎反五关》《狐狸换太子》《樊梨花》《粉妆楼》等传统戏外，还陆续上演《八一风暴》《三打白骨精》《霓虹灯下的哨兵》《豹子湾战斗》《山乡风云》《智取威虎山》《沙家浜》《奇袭白虎团》等10余台现代京剧。1968年8月，并入萍乡市文工团，1972年元月恢复建制。1972年创作的《春风店》，1973年创作的《乌金岭》，参加江西省戏剧汇演，均获创作奖。1984年，在团内成立萍乡市歌舞团，两块牌子，一套人马。1989年创作《凤鸣山》，参加江西省第二届玉茗花戏剧节，获好评。2001年10月，与市采茶剧团合署办公。

（三）萍乡市湘剧团

前身是宣风吴苞生于1924年在邹家大屋瑞公祠创办的湘剧科班春庆班，民间称"苞子班子"。1940年吴苞生去世，由其子吴秋云接任班主，号"牛伢子（牛大王）班子"。巡回演出于萍乡各地。中华人民共和国成立初期，吴秋云在高坑定居，自建草架剧场，日夜上演传统剧目，改名为萍乡人民湘剧团，移植演出革命斗争故事剧《冯大嫂》，受到煤矿职工和当地群众的欢迎。1954年，经江西省文化工作组登记，定名为萍乡县湘剧团，移植排演传统戏《十五贯》，新剧目《还我台湾》等。1960年10月，改名为萍乡市湘剧团，团址由高坑镇迁入城区文化剧院（文庙旁）。1962—1963年，排演自创节目《武功山下红旗飘》和传统戏《拜月记》《二堂审子》《包公》《扫松》等以及革命现代戏《智取威虎山》，在湘赣边的衡阳、平江、浏阳、万载、宜春等地城乡巡回演出，受到各界人士的赞扬。1965年9月，市内调整剧团布局，改名为萍乡市文工团。1968年8月，并入萍乡市文艺工作团。

（四）萍乡市越剧团

原为1948年在江西玉山县成立的聚乐舞台，1952年更名为劳动越剧团。1954年10月，途经萍乡，配合农村物资交流进行演出，在此期间剧团申请落户萍乡，经萍乡县文教科报请县人委批准，定名为萍乡县越剧团。巡回演出于湘东、赣西一带的县市。先后上演过《孟丽君》《李慧娘》等传统剧目40多台，改编移植剧目20多台。自创剧目《赤胆忠魂》《八字宪法》《人红山绿》等，获国庆10周年宜春专署文艺汇演二等奖。1960年转为地方国营。1965年4月，市精减文艺团体，撤销建制。

（五）萍乡市杂技团

原为皖北武术团，1954年1月，由湖南省株洲进入萍乡演出，历时两年多，1956年经萍乡县人委批准在萍乡落户。1957年定名为萍乡群艺杂技队，1959年更名为萍乡县杂技团，1960年9月又更名为萍乡市杂技团。杂技团原为民间武术杂技表演团体，以团长赵庆先家庭成员为主，在萍乡落户后，先后吸收湖南、山东、安徽、广东及江西九江等地杂技艺人，全团演职员

26人。1962年精简机构，杂技团撤销。

（六）萍乡市文艺工作团

"文化大革命"中，1968年8月由原萍乡市地方剧团、萍乡市京剧团、萍乡市文工团、萍乡剧院合并而成立，是文艺界再联合的组合团体，有演职员156人。1972年1月市革委会决定撤销文艺工作团建制，恢复原萍乡市地方剧团、萍乡市京剧团、萍乡剧院的建制，原市文工团成员分别调入市地方剧团和市京剧团。

（七）萍乡县委文工队

成立于1950年5月，由中共萍乡县委宣传部部长马朝芒兼任队长。是一支土地改革的宣传队和工作队，以文艺形式宣传党的方针政策和中心任务，团结人民，教育人民，演出内容丰富，形式多样，富有鲜明时代气息和地方风味。有歌剧《歌唱江西》《鸭绿江上》，萍乡采茶戏《红茶轿》，舞蹈《新疆舞》《哈萨克舞》等，还有打腰鼓、打花棍、京韵大鼓、快板、管弦乐合奏等。县委文工队在宣传土地改革、抗美援朝中起了积极的鼓舞推动作用。1952年1月，县委决定解散文工队，并入县文联戏曲改革工作队。

（八）莲花县采茶剧团

1956年，县工商联业余剧团和城镇农民业余剧团合并成立城镇业余剧团。1958年8月城镇业余剧团改为莲花县地方剧团，有正副团长各1名，导演1名，演职员36人，实行自负盈亏，排演第一个剧目是七场传统戏《蔡金莲告状》。1967年1月，莲花地方剧团改集体所有制为全民所有制。次年10月，剧团撤销，大部分人员退职回乡。1972年，恢复莲花县地方剧团。1986年改名为莲花县采茶剧团。1994年自创小戏《血染杜鹃》，参加萍乡市国庆45周年文艺汇演，获创作一等奖及演出奖。

萍矿安源艺术团剧照

（九）萍矿安源艺术团

其前身为萍矿文工团，创建于20世纪50年代。1953年7月，萍矿总工会抽调文艺骨干10余人，组成说唱组，配合中心工作，演出一些小剧目。1958年在原说唱组的基础上成立萍矿业余文工团，演职员24人。1959年初，改名萍矿歌舞团，为专业文艺团体，人员扩充到40余人，隶属于矿区工会领导。1962年下半年，根据中央关于"企业不搞专业文工团"的精神，歌舞团停办。1995年，萍矿文工团重新组建，更名为萍矿安源艺术团。1995年7月到2010年11月，艺术团演出场次1120场，创作节目300个，演出节目1280个，观众100余万人次。

（十）江西萍钢实业股份有限公司博升艺术团

创建于2000年8月，属企业专业艺术团体，是一个以舞蹈、声乐、曲艺为主的艺术表演团体。成立以来参加的重要活动和获得奖项有：2001年华东六省一市话剧小品大赛一等奖；2003年江西省首届小戏、小品大赛一等奖；2003年"包钢"杯全国冶金系统歌手大赛金奖；2005年"昆钢"杯全国冶金系统歌手大赛金奖；2006年曾被江西省歌舞剧团邀请参加大型情景歌舞剧《井冈山》的演出；2007年代表江西参加全国少数民族运动会；2009年"柳钢"杯全国冶金系统歌手大赛金奖；2011年"重钢"杯全国冶金系统歌手大赛金奖；江西省首届舞蹈大赛一等奖、二等奖；湘赣歌手赛民族唱法一等奖、通俗唱法一等奖；华东六省一市歌手大赛组合组一等奖。建团以来，博升艺术团走遍全国各地巡回演出近上千场。

（十一）萍乡市基干民兵独立团创演队

1969年10月成立，由萍乡武装部领导。成员以安源机床厂文工队为主，选拔下放在大安地区的一些专业艺术骨干和知识青年组成。创演队成立后，先后创作和演出的剧目有《半担冬笋》《城里姑娘学犁田》《女民兵》《风雨夜练兵》《英雄周茂忠》和《喜庆丰收》等。剧目生活气息浓郁，表演形式生动活泼。1973年4月，创演队撤销。

（十二）温盘乡业余剧团

1953年成立，由曾圣元任团长、朱汝斌任副团长，有演员近20人。节目形式多样，有花鼓戏、采茶戏、灯彩、春锣、歌舞等。1954年冬，萍乡县组织文艺调演，温盘乡业余剧团被评为萍乡县模范剧团。"文化大革命"初期，温盘大队业余剧团改称"毛泽东思想宣传队"。

（十三）湖边村业余剧团

莲花县三板桥乡湖边村农民业余剧团，创办于1952年。剧团以演传统戏和现代戏为主，还自编自演一些小戏曲。至1988年，先后13次参加全县文艺汇演，3次参加吉安地区（莲花县1992年划萍乡）文艺调演。上演的传统戏有《生死牌》《天仙配》《辕门斩女》《梁祝姻缘》《秋江别》等30余个，现代戏有《红灯记》《智取威虎山》《杜鹃山》《洪湖赤卫队》《小保管上任》《磐石湾》等30余个。自编自演小戏曲20余个，有《金鸡岭》《书记推磨》《水清应征》《一担禾草》《送肥记》《红山口》等，其中《书记推磨》《红山口》被吉安地区评为优秀节目，《水清应征》获创作奖。《金鸡岭》由县广播站全剧录音播放。

（十四）莲花县群众文化艺术团

2004年3月，来自琴亭镇、三板桥等几个乡镇爱好艺术的农民和退休人员自发组建了一个"草根"艺术团——莲花县城厢剧团。2010年改名为莲花县群众文化艺术团，挂靠莲花县文化馆。莲花县群众文化艺术团成立以来，经常利用冬闲和春节前后时间，排练剧目和下乡演出，为群众送上精神大餐。艺术团已排演了《七层花楼》《泪洒相思地》《恩仇记》《五子图》《生死牌》《燕分飞》《梁山伯与祝英台》《王千金祭夫》《孟姜女》《半夜夫妻》《真假新郎》等30台大型古典戏。艺术团演遍了莲花县各个乡镇（村），足迹遍及了莲花毗邻的县市，永新、湘东、新余、茶陵、井冈山等地，所到之处赞誉不绝，深受广大群众好评。

莲花县群众文化艺术团剧照

第四节 影视

早在1924年安源路矿工人俱乐部就从湖南请来电影放映队，在俱乐部讲演厅放映无声电影，影片有短故事《河边神》及风景、时事、教育等纪录片。同年夏，又在俱乐部门前大操场放映故事片《打猎回来》《李三娘推磨》，同时还在安源米仓里放映《方世玉打擂台》。1934—1935年，长沙等地商人在萍乡城内城隍庙及安源米仓里等地，使用16毫米单机放映无声电影，影片有《青春线》《爱拉廷》等。1941—1945年，广州商人与萍乡昭萍戏院合营放映香港故事片。抗战胜利后，萍乡文昌宫、安源米仓里、芦溪万寿宫及昭萍戏院放映无声电影，内容多为日本侵略中国的纪录片。1948年，阜新煤矿一批工程技术人员来萍乡赣西煤矿工作，带来一部美国产"乃卡"16毫米放映机及几部有声纪录片，在矿区工程处放映。从此，萍乡电影从无声开始进入到有声电影时代。1985—1990年，电影放映业达到了高峰，1985年，全市有电影放映单位245个，其中35毫米的放映单位63个，16毫米的放映队80个，8.75毫米的放映队106个。1990年全市有电影放映单位223个，其中35毫米电影放映单位66个，16毫米放映点或流动队101个，8.75毫米流动放映队56个。1993年，由于停止生产8.75毫米电影片拷贝，全市8.75毫米电影放映队全部撤销。加上经营性录像厅的兴起，部分35毫米放映单位及16毫米电影队停止放映活动。随着电视、歌厅、舞厅等娱乐休闲场所的大量涌现，全市放映单位从1996年的106个减少到2002年

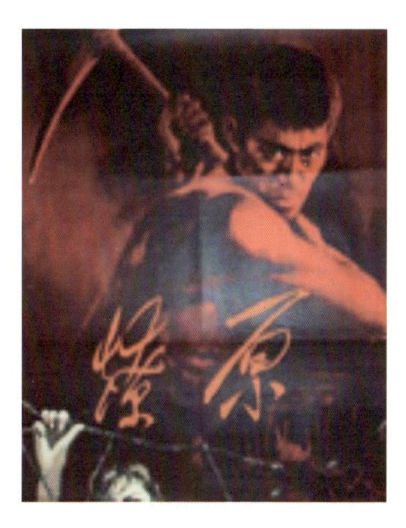

电影《燎原》海报

的20个。

影视剧创作 自 1965 年 3 月，萍乡矿务局业余作者彭永辉与上海天马电影制片厂李洪辛合作的电影文学剧本《燎原》，由上海天马电影制片厂拍摄，极大地激发了广大影视剧作者的创作热情。1982 年彭永辉创作的电影剧本《大泽龙蛇》，许金焰、彭兆平、彭江流创作的电影剧本《智斗美女蛇》分别由上海电影制片厂和长春电影制片厂拍摄，市剧目工作室与市采茶剧团合作的萍乡市第一个单本电视剧《龙泉水清清》，由吉林省电视台摄制。1983、1984 年，是萍乡影视剧创作的大丰收年，两年创作影视剧本 30 多部，长春、上海、内蒙古、北京等电影厂陆续在萍乡拍摄了电影《东方大魔王》《月光下的小屋》《爱情的旅程》等。1985—2020年，萍乡拍摄的电影有：《毛泽东去安源》《红色安源儿童团》《这样一位将军》《黄海怀》《老阿姨》《带你回家》等；电视剧有：江西电视台拍摄的电视剧《追求》(上、下集)、《孤丘》、《刘少奇在安源》、《孙老与老孙》、《晨光中的硝烟》、《京九情》、《大厦小屋》、《黑天鹅》等，湖南电视台拍摄的电视剧《都市擒魔鬼》，湖南辉煌影视发展公司拍摄的电视剧《江湖情》，萍乡电视台摄制的电视剧《彩色的迷》，

电视剧《铁色高原》海报

中央电视台影视部拍摄的电视连续剧《铁色高原》《初心》等。

动漫产业方兴未艾。自2007年萍乡市江西凯天动漫有限公司创作首部大型红色动漫《安源小子》始，经十余年的发展，凯天动漫已创作动画电影7部，动画连续剧3部累计2000分钟，OEM外包订单项目近5000分钟，各类动画公益短片、宣传片、动画应用作品数十部。另外萍乡本地的其他动漫企业也有不俗的表现。

第五节 地方志

编修地方志是中华民族的优良传统，是传承中华文明、发掘历史智慧的重要载体，对于中华文明的代代相传和中华民族的血脉相连，起到至关重要的作用。地方志是一地之全史，是全面系统记述本行政区域自然、政治、经济、文化和社会的历史与现状的资料性文献。

萍乡修志，始于明正德年间，历经明、清至民国时期，400余年间共修志12次，其中明代修志4次，清代修志7次（含莲花1次），民国私修1次。中华人民共和国成立后，修市志2次，莲花县修志2次，安源区、湘东区、芦溪县、上栗县均修1次。

明正德十三年（1518），知县高桂（安徽凤阳人）创修《萍乡县志》，开创萍乡修志先河。高桂礼请南京翰林院孔目、乐安人邹旸修辑，袁州知府徐琏为之作序。徐认为编修县志，"锓梓以传"，是"使将来观风者采取焉"，其序言云：此志"目录条分，事实详悉……若风土、形胜、财赋、吏治、忠节之类，府志所载者尽收之。其所以略者，考订群书，延访士夫耆老之说，此事立言，汇次成编，繁不涉于杂，华不流于诞，据事直书，殆与史法合也"，可见此志书体例完备，资料翔实，记事繁简适度。然志书早佚，篇目卷数不可考。

明万历七年（1579），知县常自新"因感于邑志之欠缺也"，补修萍乡县志，并委刘文学"力为补订"，称《补修萍乡县志》，本县进士简继芳作序。明万历十三年（1585），袁州同知陶之肖在《续修萍乡县志序》中提到："常君再修之，而未竟其事，则县邑记事缺漏甚多，故有此叹，稿已佚，无从稽考。"

明万历十二年（1584），知县姚一理续修《萍乡县志》，历时3载，得以成书。志书第一卷舆图，列有沿革、星野、祥异、山川形胜，风俗方物；第二卷为创设，列有署学、学校、城池、祀典、武备；第三卷为秩官，列有政职、教职；第四卷为人物，列有科第、荐辟、贡监、恩荫、掾士、学道、武勋、隐逸、耆寿、贞节；第五卷为方外、列粗仙释、仙女；第六卷为艺文，列有诗类。袁州同知陶之肖作序，评价此志"纲举目张，悉如其类。盖详而有要，约而有论，伪谬者正，繁紊者删，阙遗者补，综核断案，笔法谨严，质不俚，文不浮，允乎古史之裔流也……史识卓然于史才，史学之先者焉"。县进士简继芳亦为此志作序，云："今睹所为志，舆图、创设、官秩、人才以迨方外，艺文之属，视旧之芜陋沿袭者，颇有润色修饰之功……"惜志稿早已散佚。

明万历二十四年（1596），知县陆世勋主修《萍乡县志》，礼聘简庆源编纂，书成，陆赞志书"质而不俚，华而不缛，简而不略"是"一代之信史"。本欲付印，适逢"大计之役"（审核官员），故停。后陆世勚复，"始缮而锲之"。陆世勚与吉水人邹元标各作序。然志书已佚，无可稽考。

清代修志之风较盛，康熙、乾隆、嘉庆、道光、咸丰、同治年间都纂方志。

康熙二十二年（1683），萍乡知县尚崇年主修《萍乡县志》，谭诠、李六谦编纂，共8卷。尚崇年作序。序言云："自今春奉简莅萍，无事不以兴除为念，而尤以殷殷于邑乘是询。知奉部檄肃临，因与学博暨诸绅士，殚心竭虑，搜罗旧闻，得残篇于灰烬之余，删繁举要，饬故益新，勒成一邑之书。"现上海市、浙江省、台湾省、萍乡市及中国科学院、南京大学等省市和单位图书馆藏有该志。

乾隆二十五年（1760），莲花厅同知李其昌（四川成都人）撰辑。全志合首末凡10卷，约50万字。卷首序文、凡例、绘图，卷一天文志，卷二舆地志，卷三赋役志，卷四建置志，卷五秩官志，卷六选举志，卷七人物志，卷八艺文志，卷末杂志。是莲花现存古方志最早、最完备的志书，开莲花修志之先河。

乾隆四十九年（1784），萍乡知县胥绳武（山西凤台人）主修《萍乡县志》，教谕邱详、训导徐乘时为协修，彭泽县举人欧阳鹤鸣为总纂。共8册12卷，胥绳武作序。胥治事勤谨，为修此志，搜罗校阅，不遗余力。其序言云："余念由开馆而来矣，岁俸所支，购古籍几万卷。公退之余，值志稿汇到检书室中，烧白蜡，啜苦茗，悉心搜研之。征疑信，参异同，毋敢以苟率完公事。"篇目卷一志天，卷二志地，卷三志制，卷四志赋，卷五志教，卷六志兵，卷七志官，卷八志名，卷九志贤，卷十志外，卷十一志古，卷十二志文。萍乡市图书馆和江西、上海、黑龙江、湖南、湖北、中国科学院、南京大学等图书馆藏有该志。

嘉庆十六年（1811），萍乡知县张彭龄（江西修水人）续修《萍乡县志》。张于嘉庆十二年（1807）任萍乡知县，翌年春，县人请重修县志，同年秋设局，延请周耿堂修辑，历时3年余，志书乃成，计20卷。张为志书作序云："然当草创时，发凡起例，虚中延访，余未尝掉以轻心，冀得一当，以无负邑人士之请。"为此萍乡士人赞他"固有署一二年而宦业炳然者"。该志萍乡市图书馆仅存8卷5册，武汉大学图书馆藏有一部完整志书。

道光三年（1823）续修县志，知县黄濬主修，参与编修的有举人欧阳楷、罗炳曙、黄启宗、文晟等41人，县士大夫众手成志，主事者为黄濬。黄为浙江大平温岭（今温岭县）人，道光二年进士，当年即署萍乡。袁州知府郑心一和黄濬分别作序。此志卷一舆地，卷二山水，卷三建置，卷四赋役，卷五学校，卷六武备、兵事，卷七祀典，卷八风俗、祥异、物产，卷九秩官，卷十选举，卷十一人物、耆寿，卷十二烈女，卷十三寓贤、古迹，卷十四释道，卷十五艺文，卷十六艺文、杂记。邑人、探花刘凤诰对志稿审阅指点，后又经已升迁台州的黄濬笔削。郑心一在序言中评此志"简净精密，体例详明"。该志于道光三年（1823）刻成。萍乡市图书馆和江西、上海、天津、湖南、中国科学院、中国历史博物馆、中国科学院南京地理研究所等省市和单位图书馆藏有该志。

咸丰十年（1860），袁州知府陈乔枞修辑《萍乡县志》。他认为袁州是江右西南之屏障，地势险要，要了解地理环境，"田赋之轻重，物力之盈耗，户口之多寡，风俗之淳饶，政事之得失，利弊之兴除，非志更何所征考？则欲讲求吏治者，诚不可不于地志之意也"。他还认为自元末欧普祥据郡误报田赋以来，袁之宦苦于重赋，至清顺治十年（1653）得以清汰浮粮，"是志书之为功表于民"，于是他"最取诸志，摄其沿革、疆域、都里、城池、山川、水利、关隘、形势、田赋、户口、学校、公署、兵卫、武事、津梁、驿递，诸切要治者，先付奇厥，按之旧本，以为传信之征……"此志12卷，犹不全。现南京大学、南京图书馆各藏有1部。

同治十一年（1872），知县锡荣、王明璠主修，协修为前任教谕熊清河（浙江新昌人）、李骥麟（江西南康人），县训导幸寅宾（江西高安人），主纂刘坤一（湖南新宁人）。锡荣为满洲正白旗人，咸丰九年（1859）任萍乡知县，任期仅1年。第二次任萍乡知县是10年后的同治八年（1869），此时开始修纂《萍乡县志》，他在任又仅1年，县志修辑未竟。后由知县王明璠（湖北通山人）踵成于同治十年（1871），翌年由尊经堂刻成。王明璠作序。篇目内容较明清时期所修县志有所创新，设有"食物"，记述户口、田赋、仓储、屯运等事例。全志共10卷9册。今萍乡市图书馆藏有此志。

自同治十一年（1872）续修《萍乡县志》以后，63年未曾修志。

民国年间（1912—1949）战乱频仍，兵连祸结，修志之业难以为继。

1935年，县人刘洪辟私修县志《昭萍志略》，未辑载民国时期史实。刘洪辟认为民国与清朝政体不同，便未记载民国时期史实，又为区别于官修县志，故名《昭萍志略》。刘洪辟，字筱和，晚号廉园老人，彭高泉陂人，清举人。光绪十年（1884）考取知县，分发山西加同知衔，曾任和顺、彭泽知县。此志在1925—1926年已纂稿及半。后刘退隐廉园，乃"竟前日未竟之志"，志书记事起于旧志所起，迄于清末。陈志喆作序，刘洪辟作后序。共12卷，卷一舆地志，卷二营建志，卷三氏族志，卷四食货志，卷五官师志，卷六学校志，卷七武备志，卷八选举志，卷九仕籍志，卷十人物志，卷十一艺文志，卷十二风土志。该志采用志、记、传、图、表等多种体裁，资料较为翔实，体例完备。历代县志所载要事均予辑录，保存了大量的地方史料。该志于1935年活字印刷。江西、萍乡等20余家图书馆藏有该志。

第二章　文化璀璨

1946年，萍乡县政府发起辑修县志，成立县文献委员会，主管修志事宜。县人黄道腴负责，李苏菲、刘溟波、江梦梅担任编修，为收集修志资料，曾创办《萍乡文物》杂志，刊印3期，编成《萍乡县志初稿》2辑，终因时局动荡而停止编修工作。1949年萍乡解放前夕，县长李治华令黄鬻接受志稿资料，萍乡解放后，该资料散失。仅江西省博物馆收藏《萍乡县志目录·调查纲要》1卷，市档案馆存《萍乡文物》杂志3期。

1996年8月，《萍乡市志（清末—1985）》由方志出版社出版。全书由概述、大事记、52个分志和附录组成，书中有地图10幅，彩色照片90多幅。概述总摄全志，大事记贯通古今、编年记事，附录辑有重要文件和专题资料。分志按自然、经济、政治、文化、社会、人物顺序排列。人物立传64人，人物表收录人物5000余人。上限为清末，下限为1985年，少数类目根据实际需要，适当上溯或下延。全志共210万字。主编黄式国。

2007年12月，《萍乡市志（1986—2002）》由方志出版社出版。全书共为65篇、295章，计250多万字。完备地记述了萍乡市在1986—2002年共17年间自然、社会、政治、经济、人文风貌等各个方面的资料。主编杨富荣。

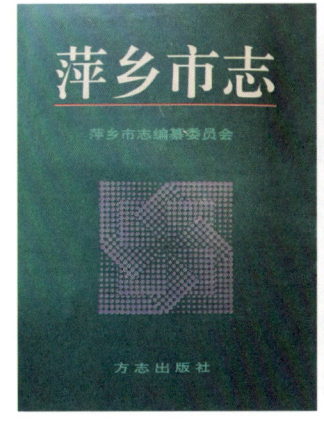

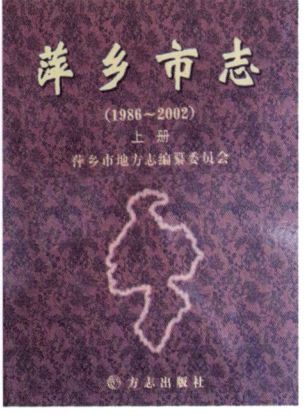

1996年版《萍乡市志》（左）和2007年版《萍乡市志》（右）

第六节 农民画

萍乡农民画是从传统的萍乡民间绘画中衍生出来的一个画种。

20世纪80年代初期，芦溪区、湘东区文化馆的美术工作者，在调查过程中，发现萍乡民间绘画品类众多，且具有鲜明地方特色，于是便对民间绘画人才进行摸底，并精心组织培训。萍乡市群众艺术馆的美术工作者也热情参与，通力协作，共同推动和促进民间绘画的发展。由此，一批民间绘画人才迅速成长，展示才华。因为他们均是生活在农村，绘画作品也大多是农村题材，于是冠名为萍乡农民画。

萍乡农民画不仅具备中国民间绘画的特色，如线条流畅、细腻，概括性、随意性较强，不拘泥于形似，着力于天然的神韵，构图新颖，不受时空限制等，还别具一格，独树一帜，体现在：着色大胆，不落俗套，对比强烈，明淡鲜明，红而不火，绿而不俗，富丽堂皇，雅俗相宜，并且不注重审美客体的如实描绘，而是突出作者自身的感觉和意念等。由此，萍乡农民画有别于陕西户县、上海金山等地的民间绘画。

1983年，萍乡农民画第一次走出家门，4幅作品进京参展，全部被选送出国展览，并有两幅获奖，崭露头角，受人关注。1987年，湘东区、芦溪区选送120幅作品，进入首都的艺术殿堂展出，引起强烈反响，赞声不迭，称为中国民间绘画的天空又升起了一颗新星。同年，首届中国艺术节举办现代民间绘画展览，展出萍乡农民画20幅，占全部展品的十分之一，再次

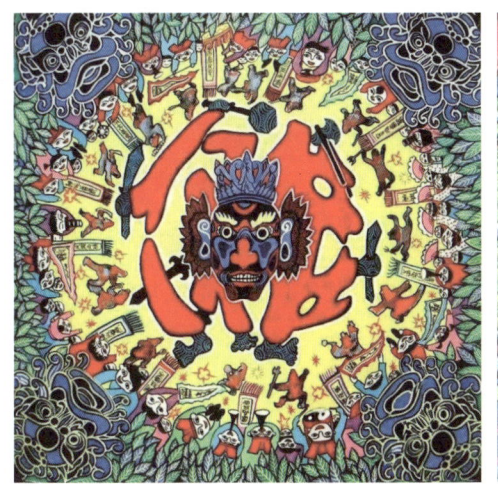

《傩舞闹春》（左）、《村官支农》（右）（周炳涛作）

广受好评，名声大振。此后，萍乡农民画在《人民日报》（海外版）、《光明日报》、《中国美术报》等数十家报刊刊登，还展销于美国、日本和西欧、东南亚的一些国家，以及我国的港澳台地区。1990年在北京举办亚洲运动会期间，上栗区的作者在农民画的基础上，与民间油漆工艺相结合，制作的78幅磨漆画进入亚洲艺术节展出，其中15幅被中国民间艺术博物馆收藏，15幅被选定为对外展出。从第一次进京展出后的数年间，萍乡农民画（含磨漆画）参加国家级展出280幅，获国家级奖31幅，外展132幅，外销130幅。为此，湘东区、芦溪县、上栗县被文化部命名为"中国现代民间绘画之乡"，占全国画乡总数的二十分之一，5名美术工作者被授予"农民画优秀辅导员"称号。然而在20世纪90年代末，萍乡农民画未能像国内其他画乡那样转化为一项文化产业，萍乡农民画耀眼的光环渐渐暗淡。2010年以来，萍乡农民画再展辉煌，李海平、李月生、周炳涛等农民画家的作品有多幅作品在"中国农民画艺术节"中获奖。李海平、周炳涛分别所作《糍粑香万家》《丰收牛舞》作品参展中国常驻联合国代表团、中国农民书画研究会联合在纽约举办的"世界情·中国梦——中国农民画精品赴联合国总部大展"。2015年，有多幅作品参展中国文学艺术界联合会、中国文化对外交流协会、中国民间文艺家协会与奥地利中国友好协会共同举办的"2015年奥地利中国农民画展"。

第七节 广场文化

广场文化，是指在城市广场中呈现出来的文化现象以及在广场之中所展示出来的文化。广场文化中体现着两方面的内容：一方面是指广场建筑本身所蕴含的文化，如具有浓郁的地域特点和文化品位的广场建筑、雕塑以及相关配套设施；另一方面则是指在广场上开展的文艺活动中所体现出的文化，比如在广场上进行的专业或业余的各种艺术性表演或展示，广场中群众性比较强的各种娱乐、体育等休闲活动。

萍乡在20世纪80年代以前，还没有真正意义上的城市广场，仅有一所体育场（原址在今萍乡商城）和单位操场，且设施简陋，主要用于集会，偶尔也有文艺演出和体育竞赛，文化氛围不浓，缺乏广场文化的功能作用。

为了提升城市品位，满足人们文化生活需求，1983年，萍乡市人民政府决定在跃进路与昭萍路交叉处之东南角，修建绿茵广场，同年12月动工，1986年10月建成。面积2.32万平方米，铺草皮1.32万平方米，周围用铁链条栏杆，场内照明灯柱21根，广场中心建1座梅花形水池，直径25米，深1.1米，计497.67平方米，池中有水下彩灯68盏，喷泉230个，池中央设"玉女披衣"神话塑像一尊，丰姿俊美，游人不息。2001年10月，整体改造。改建后比原来面积增加近 4000 平方米，绿地面积达 6000 余平方米，中间是一大型干湿喷泉池，南面是七彩柱廊，林荫区内行列 40 棵大香樟树和广玉兰，北面绿化区按照自然式设计，突出色彩变化，与乔灌花草搭配，更适宜休闲娱乐活动，文化气氛初显，经常开展文艺演出、艺术展、纪念庆典、产品展销会等活动。

1998 年 9 月，经中共萍乡市委常委会讨论通过，决定在规划中的昭萍广场建造秋收起义广场纪念碑，同时将"昭萍广场"更名为"秋收起义广场"。2001 年秋收起义广场全面竣工。广场占地总面积为 346 亩（约 23 万平方米）。整个广场由中央广场、西北广场、东北广场、东南广场四块组成。中央广场占地面积 163.57 亩（109054.7 平方米），由花岗岩地面砖及硬地面积共约 13.2 万平方米，铺草绿地面积 9.9 万平方米，绿地覆盖率达 47%，安装各类照明灯具 3000 余盏。西北广场为儿童活动广场，占地面积 6.92 亩（4613.56 平方米），建有彩色旱式喷泉和"五彩世界"等雕塑 3 座。东北广场、东南广场为休闲广场，占地面积 64.35 亩（42902.15 平方米）。

秋收起义纪念碑建在秋收起义广场中央，碑高 30.9 米，占地面积 151 平方米，纪念碑正面镌刻着江泽民同志题写的碑名"秋收起义纪念碑"，碑背面是毛泽东的词《西江月·秋收起义》。基座正面是碑文，其他三面为浮雕，按顺时针方向依次为《张家湾的红灯》《霹雳一声暴动》《转战上井冈》，生动展现了秋收起义的历史画面。碑身有线刻的猎猎战旗和崇山峻岭，表示秋收起义是中国共产党领导和工农兵联合的武装斗争，第一次举起工农革命军旗帜，并转战井冈山创建革命根据地。纪念碑由"9"字、浮雕、题词、长城、安源路矿工人俱乐部徽标、碑柱、火焰（火炬）、五角星、碑文、红旗、山川、稻穗等图案协调配置、有机组合。长城堡连碑柱高 27 米，基座 27 级台阶，高 3.9 米，碑柱顶部正面与背面造型为两个"9"字，连缀

秋收起义广场上的秋收起义纪念碑（萍乡市文广新旅局供图）

起来表明秋收起义的时间为1927年9月9日，同时又有"九重天"的寓意。

秋收起义广场一落成，就成了萍乡人民休闲娱乐的中心。每当夜幕降临，广场华灯绚丽，音乐不断，人山人海。人们或翩翩起舞，或放声高歌，有的悠闲散步，有的户外健身，有的观看影视，还有的亲朋相聚，其乐融融，热闹场面持续到深夜。文艺演出、艺术展、纪念庆典、商品展销会等活动连续不断。2002年11月28日，以《热土新篇》为主题的中央电视台"心连心"艺术团慰问演出在此举行。《安源之夏》广场文艺晚会，从2001年至2011年，每年连续演出三个月，总计专场演出140场，参演人员3万人次以上，观众达200万人次。秋收起义广场也因此被誉为"城市会客厅"、萍乡的城市地标。2001年6月，经中共中央宣传部批准为第二批"全国爱国主义教育示范基地"。同年12月，经江西省人民政府批准为"江西省爱国主义教育基地"。2007年江西省批准为"国防教育基地"，为AAA级国家旅游景区。

随着安源新区的建成，2002年6月安源世纪广场也开始动工兴建，并于 2003 年竣工。安源世纪广场的建成，为萍乡人民提供了又一休闲、娱乐的好去处。它位于萍乡安源新区萍安大道与井冈山路交汇处，总占地面积 300 亩。是集文化、休闲、娱乐、健身、交往为一体的市民文化教育广场。广场绿草如茵、花团锦簇，大小各异的 7 处喷泉竞相迸发，雨花石铺成的小径迂回曲折。晚上，600 盏独具特色的彩灯放射出柔和迷人的灯光，让人流连忘返，赞叹不已。安源世纪广场始终围绕"依托文化活动、增强广场活力"，在民俗文化、企业文化、群体文化 12 字上下功夫，真正使广场成为全区群众休闲娱乐的好去处。"新安源·新形象"世纪广场系列文化活动自 2003 年开展至 2013 年，成功举办了十届，共演出各类文艺节目 120 场，放映电影 500 场，各种民俗表演、艺术作品展示近 60 场，参加演出的演职人员超过 2 万人次，观众累计达 100 万人次。现已成为安源区组织发动面最广、群众参与度最高、社会影响力最大的群众性文化教育活动，被群众誉为"安源的同一首歌"。2006 年 10 月在由中国群众文化学会、中国文化报社主办的第二届全国特色文化广场评选活动中，安源世纪广场获"全国特色文化广场"称号，"新安源·新形象"被评为"全国特色广场文化活动"。

安源世纪广场

此外，湘东区月亮广场、芦溪县金鹰广场、上栗县大地红广场、莲花县人民广场以及各乡镇村广场，都根据本地特色，开展了形式多样、丰富多彩、为群众所喜爱的文化活动，使广大人民群众在休闲娱乐中，既健康了自己的身心，也陶冶了情操。

2008年，萍乡市推出了以"零门槛、零距离、免费看，社会各界齐参与"为宗旨，以"百姓演，百姓看，百姓乐，共享文化盛宴"为特色的新广场文化形式——"百姓大舞台"，推动群众文化活动蓬勃发展，让有艺术梦想的在这里展示才艺，喜爱文艺的在这里一饱眼福，为广大老百姓提供更多的平台和机会，打造百姓自己的"星光大道"，让广大的老百姓在欢歌笑语中享受一场场精彩而又丰盛的文艺大餐。当年，参演人数近5000人次，观众达十多万人次。此后，这一广场文化活动每年以不同的主题在各地广场蓬勃开展。

赤山镇大地红之百姓大舞台（萍乡市文化馆供图）

广场舞健身活动（明山村委会供图）

第三章 教育千年

萍乡崇文好学，延绵千年不衰。"人无横剑习，家有读书声"。据地方旧志载，"萍之学独昉于唐"。唐高祖武德年间（618—626），县令唐萼倡建文庙于城南宝积寺，自此，萍乡官办教育开端，并得到不断的发展。萍乡县学创立的时间在唐朝郡县设学之初，先于太宗贞观四年（630）所颁"全国郡县皆立文庙"的诏令，也早于袁州府与他县县学。官学的发展推动了私学的发展，中晚唐时期，易之武、唐廪先后得中进士，更激起了萍乡地方官员和广大士民重教的热情。此后历朝地方官员和绅士乡民悉心维护，捐资捐田助学者，不可胜数，使县学延绵千年不辍，培养人才甚众。

萍乡官学除有县学外，还有乡学、社学之类的初等教育机构。宋神宗熙宁年间（1068—1077），唐谟到萍乡任知县，下车伊始便"修乡校、访儒士、亲执经讲学"。宋宝庆二年（1226），赵氏宗族赵善坚父子叔侄一门两进士，一时传为美谈，进一步促进了兴教重学的风气。这一时期，萍乡举进士者凡45人。自此，民间"莫不家传户诵"，乡人喜读书、尚礼仪，勤学苦读，以求科第成名之风历元、明、清而不衰。元朝以每五十户为一社，至元二十三年（1286），朝廷诏令"每社设学校一"，是为社学。社学之外，农村尚建有乡学，每里巷设1至2所，弦诵之声往往相闻。

除官学外，民间还有大批私学存在。萍乡私学始于何时，已无可考。最早见于地方志的私学是明天启年间（1621—1627）创办的芦溪麻田林氏私塾。清宣统元年（1909），萍乡县人口50多万，有各类私塾141所，平均每乡超过3所。

萍乡书院的记载始见于宋。庆历年间（1041—1048），周敦颐在芦溪设濂溪书院，成为江西省最早的书院之一。由宋至清，萍乡先后建有书院10所。其中宋建其三，明建其二，清建其五。书院中最著名的是鳌洲书院，自明万历二十一年（1593）兴创，至清末改办萍乡学堂，历308年不废。莲花在明隆庆六年（1572），由理学家刘元卿创设的莲花复礼书院闻名遐迩，办学330年不断。此外，莲花还陆续创办了20多所书院，直至清末衰落。但萍乡仍有栗江、濂溪、凌云、鳌洲、崇文、南台六大书院。

自唐至清末科举废，萍乡中举进士有案可查的有108人。古乡贤诗云："吾州水激山雄俊，会有高才扣角歌"，不为谬赞。

清末戊戌维新运动，催生出一种新型教育体制——仿西式教育。光绪二十四年（1898）朝廷下令废除八股文，改书院为学堂。从此，中国古代教育体制渐渐被以新式学堂为标志的现代教育体制所代替，并最终走向消亡。萍乡"得风气先声"，在文廷式等人的倡导下，于光绪二十七年（1901）将芦溪濂溪书院和县城南台书院改为高等小学，次年又改鳌洲书院为萍乡学堂。县内士民纷纷响应，或改书院为学堂，或新设学堂，一时蔚然成风。至宣统三年（1911），境内有学堂63所，其中中学堂1所，女子学堂1所，矿务职业学堂1所，小学堂60所。"中学生之多，几为全省各县之冠"。1937年有小学737所，达到一保一所，居全省第二位。1941年，萍乡中学高中毕业生参加全省统考，平均分数全省第一。1945年全省国民教育工作比赛中，萍乡被誉为"八十三县第一名"。1947年，萍乡中学和鳌洲中学在全省中等学校抽考中，分别名列第一、第二。

中国共产党萍乡组织在建立后，也非常注重兴教重学。安源工人运动开创之时，就创办了平民学校、工人子弟学校、工人补习学校、中国共产党第一所地方党校——安源地委党校。在苏维埃时期，县、区苏维埃政府设文化部，乡苏维埃政府设教育委员会。在苏维埃区域内普遍创办列宁学校、女子职业学校、工农夜校、工农半日制学校、农民夜校、识字班、红军夜校、贫民夜校等。据《萍乡市教育志》载，莲花县"1932年，全县兴办列宁学校、女子职业学校等各种形式的学校共计323所，学生8926人，有15700多名青年脱盲"。

中华人民共和国成立，揭开了萍乡兴教重学的新篇章。至20世纪90年代末，实现了义务教育九年制，小学、初中入学率达到100%。形成了从幼教到高等教育、普通教育到职业教育的体系。到2015年，各级各类学校1046所，在校学生391811人，在职教师23881人。其中普通高校1所，高职院校2所，成人高校1所，在校大学生27535人；中等职业学校26所（民办8所），在校学生30434人；普通高中19所（民办3所），在校学生35379人；初级中学91所（民办3所），在校学生70395人；小学399所，在校学生152598人；幼儿园502所（民办453所），在园幼儿75045人；特殊教育学校5所，在校学生814人。

教育投入实现逐年增长，2013年至2015年间全市财政教育支出共计73.95亿元，占同期财政公共支出的15.06%，均高于同期财政经常性收入的增长速度；基础教育普及程度明显提高，2016年，全市学前三年毛入园率达到90%，均高出全国、全省平均水平；义务教育巩固率100%，高中阶段毛入学率90.4%，均高出全国、全省平均水平。提前5年完成国家规定的教育普及目标；义务教育均衡发展高位推进，在义务教育发展工作中，切实做到"五个优先"（教育发展优先规划、教育投入优先安排、教育用地优先保障、教育用人优先补充、教师待遇优先落实），出台了《萍乡市中长期教育改革和发展规划纲要（2010—2020年）》等纲领性文件，从顶层设计上谋划教育优先发展战略。2013—2016年投入各项项目建设资金10.4亿元，全面改善中小学校办学条件。投入7300万元，在全市教育系统搭建"三通三平台"（宽带网络"校校通"、优质资源"班班通"、网络学习空间"人人通"，教育资源共享平台、教育管理信息平台、安全监管服务平台）。补充义务教育学校教师1372名。

2020年，萍乡市有各级各类学校1208所，在校学生357473人，教职工27808人。其中全日制普通高等本科院校1所，全日制在校生12561人，其中本科生12067人。教职员工850人，其中博士78人，正高职称57人，副高职称170人。有国务院特殊津贴专家、教育部新世纪优秀人才、江西省政府特殊津贴专家、江西省主要学科学术和技术带头人、赣鄱英才"555"工程人选、"江西省百千万人才工程"、江西省高校金牌教师（教学名师）、"西部之光"学者、江西省"百人远航工程"等人才工程人选30余人；全日制普通专科学校1所，全日制在校生6000人，专任教师及相应职称专业技术人员360人；中等职业学校20所（民办6所），在校学生23028人，教职工1218人；普通高中23所，在校学生37319人，专任教师2626人；初级中学87所，在校学生75393人，专任教师5462人；小学351所，教学点97个，在校小学生151274人，专任教师9069人；幼儿园742所（民办314所），在园幼儿68810人（民办32300人），教职工9317人。特殊学校5所，在校学生1649人，教职工116人。

坚持"五育并举"，有全国足球、篮球、排球特色学校65所，建成劳动实践基地60个，多所学校获评全省儿童青少年近视防控示范学校等荣誉称号，多人获评全国优秀共青团干部、全国优秀少先队员和全省"新时代好少年"。

教育公共服务能力全面提升，普惠性学前教育覆盖率达90%以上，优质学位供给持续增加，3所高中获评全省普通高中特色学校。此外，在全省率先实现乡镇公办中心幼儿园全覆盖，出台了职业教育"一市一策"，在全省率先完成中等职业教育资源整合，实现了省级达标中等职业学校县区全覆盖。

教师队伍能力素质全面优化。全市现有省特级教师27人、省市级学科带头人208人、省市级骨干教师1411人，全市涌现出感动中国年度人物、全国道德模范、"最美奋斗者"、首届"感动江西十大教育年度人物"龚全珍，党的十八大、十九大代表、全国劳动模范龚德凌，全国十大师德楷模王祖德，全省"最美乡村教师"王月平等一大批先进人物典型。

第一节 官学

萍乡官学何时始，唐以前湮没无考。地方旧志以唐朝作为本地官学的开端，所谓"萍之学独昉于唐"。学宫是圣庙和学校合一的机构，集文庙祭祀与生员求学于一体。萍乡官学主要有两种形式，一是县学，一是社学。

一、县学

据现有资料记载，萍乡县学始于唐武德二年（619），为时任县令唐䓕所倡。萍乡学宫初设于县南宝积寺左侧。宋绍兴初年，因原学宫遭于兵毁，县令郭涛将其迁建于县尉司左，绍兴二十二年（1152）又迁于县治右侧。乾道四年（1168）学宫迁建于车田。元末学宫复遭兵毁，至明洪武四年（1371），知县李顺英重建，置讲堂、斋舍，筑射圃、司教宅。弘治元年

（1488）学宫遭大洪水冲，知县江吉将其迁建城西沈家冲。十七年（1504）又迁宝积寺侧。正德十年（1515），知府徐琏听从教谕俞章建议，将学宫迁回沈家冲原址。嘉靖三年（1524），副使查约、佥事余珊改建西大街，并将学宫迁入。此后历经多次修建，明人简迪在《重修县学记》中曾做详细介绍。明末，学宫再遭兵毁，损失严重。清朝建立后，经顺治、康熙间两次修葺。至雍正十二年（1734），知府薄履青檄知县熊我苏迁学宫于明伦堂（今孔庙），此为萍乡县学学宫最后一次迁移。乾隆四十六年（1781），知县胥绳武、绅士林立荃等对学宫进行了扩建，戟门、大成殿、崇圣门、乡贤祠、祭器乐器库等皆备，规模胜旧。其中大成殿和祭、乐库规制与府学同。大成殿供奉"至圣文宣王"孔子牌位；名宦祠书有唐萼、郭涛、杨自治等在萍任职并受萍乡人民尊敬的官员事略；乡贤祠立有唐廪、许载、胡安之、简继芳等本邑贤达的牌位。乾隆四十九年（1784）胥绳武修《萍乡县志》，其序言写道："士有学礼学宫者，见戟门森然，棂星门仡然，泮池莹然，月台端然，瞻庙庑必肃也，观礼器必钦也，其尊敬有如此者。"

至此，学宫经历8次迁移、12次修葺得具恢弘规模。萍乡士民之崇文尚礼，由此可窥一斑。

光绪二十四年（1898），朝廷谕令"将各省所有书院，于省改设大学堂，各府厅及直隶州均设中学堂，各州县设小学堂"，中国开始走上以仿效西方教育形式为特点的新式教育之路。萍乡于光绪二十七年（1901）改芦溪濂溪书院为官立濂溪高等小学堂，开县内新学之先端。当年，萍乡知县郭增淮召集全县绅士商议筹划，停办鳌洲书院，改设萍乡学堂。翌年，萍乡学堂开办。学堂监督由郭增淮兼任，副监督由邑人、进士欧阳炳林担任。至此，萍乡旧式县学结束，新式教育开始。

县学设教官掌教，有教谕1人、训导2人。县学教官须经过考试合格才能充任,多数为举人和贡生。生员学额,县学20人。明代开始,县学生员分3种:一为廪膳生,成绩好,供给廪膳费;二为增广生,是额外增招的,成绩次,其名额与廪膳生相同;三是又于额外增加的称附学生。萍乡县学有廪生20人、增生20人、附生若干名。清顺治四年(1647),萍乡县学定为小学,但生员定额未变。康熙九年(1670),学额减少,萍乡为小学文童岁试进8名,科试取进进出8名,武学生员同此。尔后,由于应试童子人多额少,萍乡县学准改为中学,可录取12名膳生、增广生,但武学要逢恩诏,才能加取5名。到嘉庆十三年(1808)生员数额时有增加,有一次性的,称一次额;有长期性的,称永远额。至清同治六年(1867),萍乡县儒学文学额22名、武学额16名。外有一次文学额63名、武学额73名,尚有拨派到袁州府学学习的生员若干。

县学经费主要来自学田地租。明嘉靖三年(1524),通判葛云奇置学田40亩后,时有增置。至清咸丰年间,增加到124.4亩,额租158石6桶6升,额租折钱45挂。此外,道光三十年(1850),又得士绅捐赠花庙前、磨盘石店房3栋,每年收租8000文。这些收入作为祭祀、教官薪水及生员的伙食费用。

县学教学内容。宋代,教材主要是"五经"(《诗经》《尚书》《易经》《礼记》《春秋》)、"六艺"(礼、乐、射、御、书、数)。元代,主要是"四书"(《论语》《孟子》《大学》《中庸》)、"五经"。明代,初定学科为专习一经,以礼、乐、射、御、书、数设科分教。后重定礼、射、御、数四科。清代教材主要是经、史、性理、时文四方面。

县学对生员要求甚严,生员有过犯,量其事大小行罚。还颁禁例于学校,镌刻"卧碑"于明伦堂,广为教化,不遵者,以违制论处。

二、社（乡）学

唐开元二十六年（738），朝廷诏令"天下州县，每乡之内，里别各置学，仍择师资，令其教授"。萍乡乡学，最早见于宋熙宁年间（1068—1077），由于时任知县唐谟重视教育，"是岁郡贡士四人，而县居三"。社学之名始于元朝，兴盛于明朝，消亡于清朝。

社学师资，须是通晓经书、文艺且行谊谨厚者，一旦充任，可获免差徭。

社学教学内容有统一规定。元清两朝以教授启蒙读物、经典为主，经典包括《孝经》《孟子》《论语》等。明朝以教授《百家姓》《千字文》为主，继以经、史、历、算之属，兼读《御制大诰》及本朝律令，并诗歌习礼。学生在社学肄业后，可考入县学，及至参加科举考试。

社学之外，农村亦建有乡学，其性质与社学同，唯偏重启蒙教育。记于史料的萍乡乡学，现保存的仅有建于清光绪二十九年（1903）的芦溪"沈子社学"。社学至清雍正之后渐为民间私学所代替。

第二节 私学

私学，是指私人或民间团体出资兴办并管理的学校，近现代称为私立学校，与官学相对而言。远在西周就有记载。《礼记》："家有塾。"《周礼》："闾有塾。"后世称民间教读的地方为塾。历时几千年，在发展过程中，在经费、师资、教学内容、教学方法、管理、办学形式等方面形成了自己的特色,对中华文化的发展传播和创新具有促进作用。在中国教育史上占有重要的地位。在漫长的东方教育历史上,中国私学以其独特的教育方式、丰富的教育文化和优良的教育传统闻名于世,对整个人类文明,尤其是东方文明产生过并将继续产生深远影响,占据着十分重要的位置。

萍乡私学始于何时,尚难定论。这种传统的办学形式在萍乡存在时间长,分布地域广,一般自然村均有之,大的村庄,甚至设有好几所。

宋庆历元年(1041),周敦颐在芦溪任职,集众讲学,被当地士民引为宗师而将其讲学之所辟为"宗濂书院"。周敦颐讲学是"官师授徒",应为私学。私学的教学处所,称为"塾"。萍乡私塾最早见诸史料者,为明天启元年(1621)设于芦溪麻田的"麻田林氏私塾"。

至清朝中期,萍乡私塾臻于高峰。历经所谓"康乾盛世",社会相对稳定,经济有所上升,萍乡人口超过14万。后经光绪年间洋务运动,萍乡成为汉冶萍公司一大燃料基地,矿业、交通业和商业迅速发展,人口激增,到宣统三年(1911),人口超过50万,为数甚少的社学、乡学,已无法覆盖全县的乡村,故而私学得以空前发展。据统计,从清末至中华人民共和国成立,萍乡先后办过私塾730余所(未含莲花县),宣统元年(1909)就有私学141所,其中芦溪73所、上栗22所、湘东31所、安源15所,平均每乡超过3所。

自戊戌维新,朝廷诏令"废科举、兴学堂",官办初等教育有较大发展,但萍乡私学方兴未艾,到民国推行"国民教育",取缔私塾数十年间,仅族学、义学改为新制小学的就有百所以上。究其原因,一是维新变法带来的现代文明之风促使萍乡走出封闭;二是人口激增,学童数量大增。但是,由于官学多集于市镇,招生数额有限,不能满足农村民众对文化教育的需求,因此,萍乡私塾虽呈递减之势,却依然在农村,尤其在边远地区存在。1949年，萍乡解放前夕，莲花县尚有私塾57所。中华人民共和国成立之初，仍有上栗北街荣采明私塾等存在的记录。1951年，萍乡私塾完全消失。

私学的办学形式多样，大体可分为"义学""坐馆""私塾"。在萍乡通称"私塾"，以别官学。

入私塾读书童子为学童。私塾按学童年龄与授业深浅程度，分为蒙馆和经馆两种。馆虽有别，但均在馆内正堂供设"大成至圣文宣王先师孔子"牌位。始业当天，学童须焚香燃烛，先拜塾师，再谒孔子，以树立尊孔敬师的观念。

年七八岁，刚受启蒙洗礼的入蒙馆。蒙生以学识字、写字为主，兼学珠算。年在十五六岁，授业有年，程度较高者入经馆，专攻文章、诗赋、对仗，兼习书法。

私塾无统一教材，无学习期限，读两三年者有之，读十余年者也有之，读长读短，皆有生童自便。一年之内，分为两或三个学期，因地而异，有的蒙馆甚至分为五个学期。放假必在春节、清明、端午、重阳等传统节日前后。

学习内容因馆而异。蒙馆授易于背诵记忆、朗朗上口的《三字经》《百家姓》《千家诗》《幼学琼林》《女儿经》和"四书"等。采取个别"点读法"，单教字句，不加解释。重在认、读和写。先生授课先引领范读，既而带读，然后稍释字句，对课文基本不予详细讲解，主要由学生朗诵，读后背诵。认读必须过关，理解各随其便。写字是必须的内容，先生对学生的习字十分注重，由握笔、研墨到笔画笔顺同，由填红、映模到临帖，要求严格，不容怠惰。

经馆所读以"四书""五经"为主，另加《古文观止》《御批通鉴辑览》

《唐诗》《昭明文选》《论说文库》等。如为女童，则学《女儿经》《增广贤文》《书信尺牍》之类。教学重在讲、用、写作，改写字课为作文课。教学方法与不同于蒙馆，老师先对教材内容用逐字逐句地讲解，最后通读，读到"滚瓜烂熟"为止。为有利于学生日后应试科考，有的经馆在教学上述内容外，加授平仄四声、八股文章、试贴诗，等等。

延聘塾师，蒙馆与经馆不同。前者多请科考落第或仕途不济、赋闲在家的"落魄书生"。如无可聘用者，则能者为师，以初通文墨者暂充，后者则聘请学识渊博的"举人""秀才"。

塾师薪水。称为"学俸"或"束修"，多以谷米数计算，亦有以钱帛支付者。它一般来自学生，即谁读书，谁出钱。另外，还有族学。族学情况比较复杂，一是靠本族或联族富绅捐纳，平均摊派等形式设立基金，如南坑双峰甘、苏两姓联办义社，由两姓共捐水田4.5亩以田租作学俸等开支，本姓子弟入学不缴学费，他姓子弟入读则须交缴；二是宗族基金不足的，向学生家长收取部分学费；三是宗族只提供祠庙作为塾址，学费完全由学生家长交缴。南坑籍的湖北省委组织部原副部长谢允坚就是在族学的帮助下完成高小及初中学习的。他在《难忘的记忆》中说："读高小要交学费，学费从哪里来？我们谢姓有个规定，是祖宗定下来的：凡是男孩会读书的，由祠堂供给学费，祠堂划定一些水田收的租谷为'教子会'费用，不得挪作他用，我上高小及以后初中的全部学费全由'教子会'解决。"塾师全年的学俸在立夏节宴请塾师时当面议定，名曰"议学"。薪水之多少，视"议学"结果而定。学生除交学俸外，每逢春节、端午节、中秋节还须给塾师送礼。一般经馆塾师的学俸高于蒙馆塾师。不同地区，塾师的俸薪也有差别，同级塾师之间俸薪亦高低不一。如咸丰十年（1860），源滏大岭背马、周、陈、张四姓联办蒙馆塾师的学俸为每期24石稻谷。民国十七

湘东区传经第牌坊（萍乡市文广新旅局供图）

年（1928），上述南坑双峰甘、苏两姓联办的"崇倡义社"，定学俸为每期12石。塾师虽受人尊敬，但待遇较低，生活颇为清贫，甚至有仅能勉强"糊口"者。

私塾订有"言须垂手而立，坐须端正其身，弗莫嬉戏打扰，弗莫左顾右盼"等塾规。塾师备有戒尺，谁触犯塾规，或书背不出、字认不准，或调皮捣蛋、旷课迟到，则按情节轻重，予以处罚。

萍乡私学，其办学条件虽相对简陋，办学水平亦有参差，但因其有就近办学、收费低廉、入学门槛低等特点，而能延续千年不息，长期与官学同行并茂，为普及文化教育做出了不可磨灭的贡献。

第三节 书院

书院之名始于唐代，分官、私两类。私人书院最初为私人读书的书房，唐贞观九年（635）设在遂宁县的张九宗书院，为较早的私人书院。官立书院初为官方修书、校书或偶尔为皇帝讲经的场所。唐玄宗开元六年（718）将乾元院改名为丽正修书院，十三年（725）又改为集贤殿书院。真正具有聚徒讲学性质的书院于五代末期基本形成，主要培养学生参加科举考试。

唐末至五代期间，战乱频繁，官学衰败，许多读书人避居山林，遂模仿佛教禅林讲经制度创立书院，形成了中国封建社会特有的教育组织形式。北宋时，以讲学为主的书院日渐增多。南宋时随理学的发展，书院逐渐成为学派活动的场所。宋代最著名的有四大书院：江西庐山的白鹿洞书院、湖南长沙的岳麓书院、河南商丘的应天书院、河南登封的嵩阳书院。书院大多是自筹经费，建造校舍。教学采取自学、共同讲习和教师指导相结合的形式进行，以自学为主。它的特点就是为了教育、培养人的学问和德性，而不是为了应试获取功名。

元朝时书院制度更为兴盛，专讲程朱之学，并供祀两宋理学家。明朝初年书院转衰，直到王阳明出，书院再度兴盛。随后一些私立书院自由讲学、抨击时弊，成为思想舆论的阵地和政治活动的场所，最著名的是江苏无锡东林书院。

清代书院达2000余所，但官学化也达到了极点，大部分书院与官学无异，如张之洞在武昌建立的两湖书院等等。光绪二十七年（1901），诏令各省的书院改为大学堂，各府、厅、直隶州的书院改为中学堂，各州县的书院改为小学堂。至此，书院退出了历史舞台。

萍乡书院始于宋朝。当时相差不长的时间内分别在芦溪和萍乡县城建有两所书院。一所院址在芦溪镇西面。书院原名宗濂书院，是宋庆历年间（1041—1048）思想家周敦颐以分宁主簿的身份来芦溪摄市监税时设书院讲学，开辟书院，官师授徒以教"来学之士"。过后到了皇祐年间（1049—1054），县人为了纪念周敦颐而设立宗濂书院。这一书院在元末因战事而毁，明代时有人将其迁建到芦溪镇北圣岗山，取名濂溪祠。清代又辟为了濂溪书舍。

自从周敦颐在芦溪设堂讲学，后人立濂溪祠，开启萍乡书院之先河。在宋代，萍乡另有三处书院：县城南的濂溪书院（亦为纪念周敦颐）；县城东的东轩书院，萍乡士人、朱熹弟子胡安之的讲学处，冠名"东轩"以纪念与朱熹合称为"东南三贤"之一的吕祖谦（人称东莱先生）；县城西的南轩书院，因"东南三贤"之一的张栻（号南轩）曾到过此书院，故名。由此可见，宋代萍乡书院之兴盛、学风之昌隆，于是乎莘莘学子中涌现出61名进士。《萍乡县志》载："宋登科，萍著且甚。"说的是宋代科举考试，萍乡考中的进士著名且甚多。又据《昭萍志略》记载，"士夫秀而文"（宋·黄庭坚语），"士力学而知廉耻，民乐善而好俭啬"（宋·阮阅语）。外地人黄庭坚、阮阅来到萍乡，撰文称赞萍乡读书人灵秀且善文，致力于学而有廉耻感。这一切得益于周敦颐播下书院的种子，宋代萍乡的书院成为造就人才的摇篮，而且这支文脉一直延续，这股文风一直流播，泽被斯文，衍发后人。明朝设昌文、鳌洲书院，清朝设焕文、凌云、南台、栗江、崇文等书院。据地方志记载,到清末"废科举、兴学堂"诏令后,书院改新制学堂时,萍乡有:鳌洲、宗濂、濂溪、东轩、昌文、焕文、凌云、南台、栗江、崇文等10所书院;莲花自明朝隆庆六年(1572)起,陆续兴办的书院有20余所,如志学、道礼、杨礼、观文、崇文、复礼、大观、琴水、崇正、兴贤、聚文、平山、浯江、径正、风云、逢源等。

在封建社会,书院不仅是文人士子学习课艺、研习儒理、切磋文章的处所,也常作为名儒大师和饱学经纶之士传播学术观点、发展弟子门生及开展学术交流的基地。据《江西教育志》载,明嘉靖三十六年(1557),会白鹭,"生儒以千计听讲"(注:听邹守益讲王守仁理学)。因此,有的书院成为文化学术中心,影响深远。如今,虽然多数书院遗址难觅,但不乏美名犹存者。萍乡的宗濂、濂溪、鳌洲、复礼等几大书院即在其列。

书院设"山长""书斗"和"首士"各一人,分别负责办理生员的讲学、考务、生活和学习等事宜。担任山长的多系社会名儒,甚至是某一学派的代表人物。主修《昭萍志略》的刘洪辟就曾任濂溪书院的山长。

书院的招生授徒的条件与额数,视其官私性质而定。私家书院招生情况,尚未见于史料。官办书院招生,数额须有官府颁给。由宋至清,萍乡书院的招生情况,因史料缺失,尚无可考。据明代县志,当时鳌洲书院"进士之秀者相与肄业其中""都人士群诵习其间",书院的生源应是十分充足的。

书院教育教学内容与府州县学基本相同,主要是儒家经典,南宋以后则更重理学教育。书院课设"文化月课"和"生活常课"二门,所谓"教诗书,习礼乐"。教学采用集中面授与自学相结合的方法。萍乡书院多以周敦颐为宗师,理学色彩浓厚。经费主要来自捐助。

一、宗濂书院

院址在芦溪镇西圣岗山下。宋理学家周敦颐于庆历年间以分宁主簿莅芦溪摄市监税时，在芦溪开辟书院，官师授徒"以教来学之士"，人们称之为"濂溪书院"。

周敦颐（1017—1073），字茂叔，号濂溪，道州营道（今湖南道县）人。因他世居道州濂溪，后居庐山莲花峰，峰下也有溪，于是命其名为濂溪，世人皆称其为濂溪先生。宋庆历年间（1041—1048），遭贬在芦溪任监税。《宋史》评述其人："人品甚高，胸怀洒脱落，如光风霁月。谦于职名而锐于求志，薄于徼福而厚于得民，菲于奉身而燕及茕嫠，陋于希世而尚友千古。"在芦溪任监税，正直无私，依章监税，治绩尤著。清代诗人傅銮写道："税市曾经说宋朝，谁家楼上坐吹箫。"

周敦颐不仅是一个清正廉明的好官，而且是一个学识渊博的哲学家和教育家，是宋代理学的创始人和奠基者。所著《太极图说》和《通书》40卷，被朱熹等理学家誉为"明天理之根源，究万物之终始"的理学经典。在著书和工作之余，他热心教育。他在芦溪圣岗山下，坐北朝南建起了一座书院。书院背依青山，面朝绿水，意为取山水之灵气、育济世之英才。书院面积虽不大，但里面有分班教学的教室，有师生集会的礼堂，还有宿舍和食堂。总之办学的条件基本具备。

书院建起来了，教些什么呢？周敦颐虽然是理学大师，但他对儒家学说并不排斥。教学内容"与州府县学相同"。学校主要开设"文化月课"和"生活常课"。所谓"文化月课"就是"教诗书"，"生活常课"就是"习礼乐"。"诗书"指的是"四书五经"。"习礼乐"用今天的话来说，就是礼仪教育和文体知识技能培训。如果说"教诗书"是从理论道德和文学素养方面来夯实做人的基础，那么"习礼仪"就是从行为实践方面对学生进行习惯养成教育。古人对"礼"的教育是非常重视的。《礼记》里说："道德仁义，非礼不成；教训正俗，非礼不备；纷争辩讼，非礼不决……是以君子恭敬、撙节、退让、以明理。"用今天的话讲，就是道德仁义不通过礼就不能取得成效；教育百姓端正习俗，没有礼作依据就不能完满；判断是非诉讼，没有礼作依据就不能决断。因此君子必须态度恭敬，凡事要有节制，对人要礼让，这样来发扬礼义。《礼记》里还讲到，傲慢之心不可滋长，意志不可自满，欲望不可放纵，享乐不可无度。得到别人的恩惠一定要报答。"乐"并不单指音乐，而是包括音乐在内的可以陶冶情操的文体活动（如琴、棋、书、画、音乐、舞蹈）。由此可见，濂溪书院的教学内容是非常丰富多彩。

周敦颐的教学方法也是灵活多样的。有时采用集中面授的办法，讲解重点难点。一般的课程则鼓励学生自学。实在弄不明白的可单独请教，实行一对一的教学。周敦颐不仅学识渊博，而且能根据每个学生的不同个性特点"因材施教"，为社会培养出一大批德才兼备的优秀人才。

更重要的是，周敦颐在濂溪书院铸就了让后人无限敬仰的"魂"。这"魂"就是"出淤泥而不染，濯清涟而不妖"。周敦颐在他的代表作《爱莲说》中，用具有高洁品格的莲花，既婉曲地批判了当时的趋炎附势、追求富贵的世风，又表达了自己的人生价值取向。他不但严格要求自己这样做人，而且也要求他的学生这样做人。因此，"出淤泥而不染，濯清涟而不妖"不但是当年濂溪书院师生的做人准则，也是千百年来世人不断追求的人生最佳境界。宋王朝为表彰周敦颐的功德，赐谥"元"，故人称"元公"。封汝南伯，从祀孔庙。皇祐年间，萍乡人民因记其功德，称该书院为宗濂书院，并在芦溪万寿宫侧建周夫子祠（濂溪祠），祠内立先生塑像与牌位，以供瞻仰膜拜。元末战火，院祠皆毁。明泰昌元年（1620），刘尧诲于圣岗山麓另建祠，是为"新濂溪"（祠）。清代将濂溪祠辟为书舍，人称"濂溪书院"（原建于县治城南宝积寺的濂溪书院元末毁于兵燹）。光绪二十七年（1901），朝廷颁令"废科举，创新学"，邑人文廷式等将书院改为萍乡第一所新学堂，取名为"濂溪高等小学堂"。

二、复礼书院

复礼书院坐落于莲花县闪石乡渭下村。古人称其"面禾山，负武功，西云、愁猿诸峰拱揖而环聚，足称雄观垂永古"。由明代王阳明再传弟子、著名理学家刘元卿首倡，联合莲花、安福、萍乡、攸县等二十四姓又八家捐资献料兴建，于明万历元年（1573）建成。乃明清时之高等书院，为江右久负名望者之一。刘元卿亲自主讲，并礼请外地学者名流前来授课，书院前门题曰"复礼书院"。主体建筑为明德堂，是举行祭祀大典之地。明德

复礼书院

堂寓《大学》首句"明德"之意。每年农历十一月十五为祭祀大典日，书院组织歌童咏唱祭歌。儒士名流咸集，官府也派员莅临参庆，仪式极为隆重。左为东林观，右为三一庵。堂后为四贤祠，大厅祀立崇尚王学儒者的神位，正中王守仁，左右是邹守益、刘阳和耿定向。刘元卿殁后，后学又增设他的牌位。中楼为留帖阁（后改为尊经阁）。院旁有清澈溪水流过，院后有花园，花卉四季常开，园中还辟有读书亭。整个院舍掩映在绿树丛中，是一所颇具规模、大雅清幽的书院。书院多次修复、重建。清同治七年（1868）重修时，书院结构和建筑名称有所改变，左为留帖阁，右为集贤馆，后为崇德堂，三一庵位于院外右边。

刘元卿

刘元卿，字调甫，号泸潇，今江西莲花县坊楼镇藕塘下村人，明代"江右四君子"之一，江右王学后期之大家也，在理学、教育和文学等领域卓有成就，著述甚丰，著有《大学新编》《山居草》《还山续草》《通鉴纂要》《六鉴》《诸儒学案》《贤奕篇》《刘聘君全集》等。书院名为泸潇所取，乃其教育精神之体现，出自《论语·颜渊篇》"克己复礼为仁"，意在弘扬孔颜圣学，"复者，反也；礼者，天理之节文也"，即通过日用伦常之礼，让人克制私欲、返回至人本有之仁心，从而修身齐家治国平天下。书院为探究学问、培养人才、演练礼仪之殿堂。明后期江右一带之会讲，时在此举行，规模盛时，达八九百人之多，海内名公硕儒（如著名王门思想家王时槐、邹元标等）往来其中，甚或在此挥执教鞭，激扬文字，碰撞思想之火花。书院道日隆，誉日广，海内慕名来学者"千里负笈，履满户外"。400多年来，书院人文蔚起，政治、文化精英辈出其中，学术、思想之泉源远流长。

书院迭经变迁，遭遇波折，甚或毁灭。明清两代，除万历七年（1579）张居正毁天下书院时暂改为"五谷神祠"（但也暗中办学）外，一直沿用此名称，并秉承泸潇之办学思想。民国以来，书院演变为新式教育学堂，初改为东区高等国民学堂，1945年科学家李鸣冈改为私立复礼中学。1949年后，曾为复礼小学、复礼初级中学、湖上中学、莲花县第三中学、复礼中学等。尽管书院改成新式学校，但其学魂亦一直未灭。

三、鳌洲书院

清乾隆二十三年（1758）段贵《鳌洲书院记》载，"萍乡城南萍实桥下里许，有洲长二里，广可十余丈，如鱼昂首波浪中，旧名金鱼，以其形修且若鳌，然又曰金鳌"。明万历二十二年（1594），知县陆世勣在金鳌洲建占鳌阁，取"独占鳌头"之意，并供奉文昌神于其中，作为学堂传授礼教。传承半个多世纪，然而明末时局动荡，内忧外患兵灾不断，萍乡县城亦不能幸免，占鳌阁也被付之一炬，颓废于荒烟蔓草中。康熙四十八年（1709），知县贺邦桢不忍视其破败，重修占鳌阁，"召僧入供，并奉佛于后堂"。到乾隆二十一年（1756），书院已栋折垣废，知县沈廷标率领乡贤绅士，在占鳌阁旧址上进行重建，并加盖学舍，更名为"金鳌书院"，堂舍命名为"敬业""乐群"，讲堂内奉祀宋代理学名家程颢、程颐、朱熹、张栻以及朱熹门生、萍乡人胡安之，合为"五贤"。乾隆四十七年（1782）知县胥绳武对书院大加改建，阁、堂、院、廊、舍、祠等灿然并存，院内布置面貌一新。改堂舍名为"观水""冠山"，题匾"学钓鳌手"，题联"以诗书作线，将笔墨为钩"，并在"五贤"基础上增祀周敦颐，定名为"六贤祠"。道光三年（1823），知县黄濬将"六贤"增祀朱熹门生、萍乡人钟唐杰（钟

鳌州书院（萍乡市文广新旅局供图）

咏），改称"七贤祠"。道光六年（1826），萍乡遭遇特大洪灾，书院被大水冲毁。道光十四年（1834），新任知县杨际华倡议修复，邑士文运隆独力捐助，翌年三月竣工，讲堂、学舍恢复如旧。从明万历二十二年（1594）到光绪三十二年（1906）"停科举，兴学堂"，300多年来，金鳌洲上虽不说亭台楼阁林立，但莘莘学子的朗朗读书声却响彻萍城。

  鳌洲书院培育人才甚众，名重一时，成为萍乡最著名的古代书院。据《鳌洲书院记》所载，"都（邑）人士群诵习其间，一时发名成业，瑰奇卓特之英先后相辉映"。《昭萍志略》的主修刘洪辟，即曾诵习其中。

  从明万历二十二年（1594），知县陆世勋建学开始，到清康熙年间知县贺邦桢翻修"占鳌阁"，再到清乾隆年间知县沈廷标重建鳌洲书院，金鳌洲上的这座学府在萍乡一代一代地传承了下来，无论是战乱、天灾还是政权更替，都不曾阻断过它的血脉相传。清末，腐败的清廷和落后的中华大地迎来了前所未有的大挑战和大危机，面对国外列强的强大和西学的冲击，维新派认为落后的科举制不再适合当时的社会环境，鳌洲书院也迎来了它的新生。光绪二十八年（1902），在萍乡籍维新志士、翰林侍读学士文廷式的倡导下，萍乡前后两位知县偕同一众乡贤绅士，精心筹划，在鳌洲学院的基础上，并以小西门外泰和庵为校舍，创立了萍乡学堂，当时就全国而言，萍乡学堂也算得上是较早创立的新式学堂之一，依旧源源不断地为萍乡培养着一代又一代的人才。

第四节 科举

一、一门三进士

莲花县城往西南2公里处，乃为花塘村，村东有一被当地人称作"花塘官厅"的庞大建筑，总面积近10000平方米，大围墙内坐北朝南一字排列三幢大房子，建筑占地近5000平方米。它为朱姓故宅，宅主人有着一门

花塘官厅

朱益藩

三进士、五科六举人的荣光。居中一幢为清咸丰进士、分发陕西知县的朱之杰所建,人称"进士第",后称"老官厅";右边一幢为光绪进士、官至湖南巡抚的朱之杰之长子朱益浚所建,人称"翰林第",又称"新官厅";左边一幢为光绪进士、曾为光绪皇帝讲学、后为末代皇帝溥仪老师的朱之杰之次子朱益藩所建,亦称"新官厅"。

朱之杰是清咸丰九年(1859)的进士,曾分发陕西任为知县,奉旨帮办河工。朱之杰一生似乎并不得志,且身患重疾,年仅42岁(清同治五年,1866年)就卒于家中。

朱益浚(？—1920),字辅源,号纯卿,光绪三年(1877)丁丑科进士,选翰林院庶吉士,散馆改湖南衡州府清泉县知县。官至湖南辰沅永靖道、护理巡抚,辛亥革命后归里。民国九年(1920)在家中病逝。废帝溥仪追谥"文贞"。著有《碧云山房存稿》。

朱益藩(1861—1937),字艾卿,号定园,今莲花县琴亭镇人。清光绪十六年(1890)进士,任翰林院侍读、侍讲、日讲起居注官、詹事府詹事等,受命南书房行走,兼任经筵讲官,常为光绪授课。历任顺天乡试考官、湖北乡试副考官、陕西提学使、山东提学使、京师大学堂(今北京大学前身)总监督,还两次担任选拔赴日本、欧洲留学生考试的监考官。宣统二年(1910)任都察院左副都御使。1915年,担任退位的末代皇帝溥仪的老师。1924年11月,溥仪转至天津,由他留京,处理清室留京办事处事务。1931年九一八事变后,赶赴天津,劝导溥仪不要同意建立"满洲国"。溥仪在成立伪"满洲国"后,曾两次电召朱益藩襄助。他坚辞不赴,留在北京以卖字营生。他长于诗文，书法名世。著有《南斋纪略》《宸垣纪要》。

二、萍乡进士录

（一）萍乡进士名录

唐朝宝历元年（825）至清代光绪三十年（1904）中，萍乡有108人在科举中取为进士，其中文进士101名，武进士7名。旧时县城文昌宫"五科三解元，春色文章增瑞气；一点两主考，凤衔紫诰培天恩"的对联（三解元：李炳春、欧阳炳章、胡增瑞；两主考：颜天培、刘凤诰），精辟概括清朝萍乡科举考试的一段佳话。

萍乡文进士一览表

朝代	姓名	考取年份	官职
唐	易之武	宝历元年（825）	
唐	唐廪	乾宁元年（894）	秘书正字
后汉	刘式		大理寺丞
宋	许载	端拱二年（989）	都官员外郎、知歙州事
宋	胡从义	淳化二年（991）	员外郎
宋	姚古道	淳化三年（992）	
宋	胡咸秩	咸平三年（1000）	
宋	何朝宗	咸平三年（1000）	
宋	易纶	大中祥符元年（1008）	
宋	易随	大中祥符八年（1015）	
宋	宋景晦	景祐元年（1034）	郎中
宋	李奇	景祐元年（1034）	
宋	袁及	景祐元年（1034）	
宋	朱彦博	嘉祐八年（1063）	轮散大夫

续表

朝代	姓名	考取年份	官职
宋	黄　醇	治平三年（1066）	
	罗尚友	治平四年（1067）	武昌节度推官
	高　渐	熙宁九年（1076）	录事参军、以尚书编管杭州
	李　格	元符三年（1100）	知州
	汤梦观	崇宁五年（1106）	缩州知事
	夏候安雅	政和五年（1115）	
	黄泽原	政和五年（1115）	
	费昭祖	政和五年（1115）	
	喻　榆	建炎二年（1128）	
	文彦元	建炎年间（1127—1130）	
	黄　庶	绍兴年间（1131—1162）	
	郭昌明	乾道二年（1166）	
	彭大年	乾道二年（1166）	
	赵善坚	乾道二年（1166）	户部尚书
	彭公信	淳熙元年（1174）	
	吴　琯	淳熙八年（1181）	
	柳　薯	淳熙十四年（1187）	
	张　枢	绍熙元年（1190）	胎州知事
	赵善諰	绍熙元年（1190）	
	周大德	嘉泰二年（1202）	
	赵汝鐩	嘉泰二年（1202）	
	张　耕	嘉定四年（1211）	
	赵崇渭	嘉定四年（1211）	
	文　琯	嘉定十年（1217）	开州府知府
	刘日宣	嘉定十年（1217）	大夫

续表

朝代	姓名	考取年份	官职
宋	王 孚	宝庆二年（1226）	
	彭世范	宝庆二年（1226）	
	赵彦惋	宝庆二年（1226）	
	赵崇微	宝庆二年（1226）	
	赵师回	宝庆二年（1226）	
	赵汝钥	宝庆二年（1226）	
	赵汝粲	宝庆二年（1226）	
	赵汝鐩	宝庆二年（1226）	
	赵若烛	宝庆二年（1226）	
	潘 铣	绍定二年（1229）	
	何梦璋	绍定二年（1229）	
	何简易	绍定二年（1229）	
	黎 韶	绍定二年（1229）	武冈军教授
	邱 骅	端平二年（1235）	
	赵时皓	端平二年（1235）	通判
	邱应从	淳祐十年（1250）	
	周明复	宝祐四年（1256）	
	刘应龙	开庆元年（1259）	江阴知县
	宋应登	咸淳十年（1274）	
	叶景武	咸淳十年（1274）	广东副使
	胡从义	咸淳十年（1274）	员外郎
	朱 鼎	咸淳十年（1274）	广南西提刑
	方荣甫	咸淳十年（1274）	知南康建昌军
	彭 畴	咸淳十年（1274）	
	邱 嵘	咸淳十年（1274）	永福县主簿

续表

朝代	姓名	考取年份	官职
元	张 荣	至治元年（1321）	彬州路总管
	文德明	泰定四年（1327）	
明	甘 泉	洪武十八年（1385）	陕西道监察御史
	黄仲声	洪武二十四年（1391）	
	张文昭	天顺八年（1464）	京都御史
	文 明	正德十二年（1517）	工部尚书
	周 鉴	嘉靖三十二年（1553）	陕西平凉府仪卫司
	简继芳	万历五年（1577）	云南按察司副使
	吴三益	万历三十二年（1604）	福建郡武府知府
清	邓锡礼	乾隆十年（1745）	四川按察使
	颜培天	乾隆三十七年（1772）	福建道监察御史
	肖光浩	乾隆五十四年（1789）	广平府知府
	刘凤诰	乾隆五十四年（1789）	兵部、户部、吏部侍郎，太子少保
	胡增瑞	道光十二年（1832）	户部主事
	喻增高	道光十五年（1835）	詹事府右春坊左庶子
	敖星煌	道光十六年（1836）	河间府同知
	彭函霖	道光二十一年（1841）	福建道监察御史
	王 澄	道光二十四年（1844）	温州府知府
	肖玉铨	道光二十五年（1845）	候选知府
	贺澍恩	咸丰二年（1852）	永宁州知府
	蔡振玉	咸丰十年（1860）	新乐县知县
	黄绍新	同治二年（1863）	直隶州知州
	张明毅	同治十三年（1874）	直隶州知州
	欧阳炳琳	光绪二年（1876）	知县

续表

朝代	姓名	考取年份	官职
清	陈增玉	光绪九年（1883）	隆安县知县
	樊学贤	光绪九年（1883）	直隶州同知
	柳思诚	光绪九年（1883）	山东安邱县知县
	李柏龄	光绪十五年（1889）	湖南新宁县知县
	喻兆藩	光绪十五年（1889）	宁波府知府
	文廷式	光绪十六年（1890）	翰林院侍读学士、大理寺正卿
	李 豫	光绪十八年（1892）	国史馆协修
	文绪熙	光绪十八年（1892）	知县
	肖立炎	光绪二十年（1894）	广西永安知州、贵州候补知府
	彭树华	光绪二十一年（1895）	翰林院庶吉士
	贺光燮	光绪二十一年（1895）	翰林院检讨
	张德渊	光绪二十九年（1903）	知府、边备道
	叶先圻	光绪三十年（1904）	翰林院编修加侍讲

萍乡武进士一览表

朝代	姓名	考取进士年份	官职
清	兰炳暄	道光十八年（1838）	都司
	童星魁	道光二十一年（1841）	重庆府参将、赏顶戴花翎
	钟 声	道光二十四年（1844）	守备
	张秉星	道光三十年（1850）	守备
	梁宝田	咸丰二年（1852）	江南浦口都司
	李声扬	光绪六年（1880）	都司
	徐家玉	光绪十二年（1886）	守备

(二)莲花进士名录

宋朝开宝五年(972)至清代光绪三十年(1904)中,莲花有21人在科举中取为进士。

莲花进士一览表

朝代	姓名	考取年份	官职
宋	何 昼	开宝五年(972)	凤翔推官
	江 楹	宣和三年(1121)	道州金判
	龙 溥	建炎二年(1128)	道州判官
	颜仕宏	绍兴年间(1131—1162)	福建崇安府太守
	贺昌凤	嘉定元年(1208)	秘书省校书郎
	毛 越	嘉定十年(1217)	
	颜瑞叔	嘉熙年间(1237—1240)	永平县令
	邓 炎	淳祐四年(1244)	
明	陈 兴	永乐二年(1404)	
	江玉琳	宣德二年(1427)	广西按察司金事
	邹 袭	成化二年(1466)	兵部侍郎
清	段世缙	康熙四十年(1701)	
	陈 迵	乾隆十三年(1748)	南安府教授
	颜云耸	乾隆十三年(1748)	陕西甘泉知县
	李世辅	乾隆十六年(1751)	广西知县
	金秀坤	道光九年(1829)	
	朱之杰	咸丰九年(1859)	
	朱益浚	光绪二年(1876)	湖南巡抚
	朱益藩	光绪十六年(1890)	都察院左副都御使
	贺长治	光绪年间(1875—1908)	礼部主事
	朱葛庐	光绪年间(1875—1908)	安徽怀远知县

第五节 新学

　　清光绪二十四年（1898），朝廷谕令各地改书院为学堂，中国开始走上以仿效西方教育形式为特点的新式教育之路。同年7月，支持维新变法的文廷式回到萍乡，与知县顾家相及全县士绅父老商议兴办学堂；下旬赴鄂筹措经费，未果。8月初，文廷式回萍，与总办萍乡官煤局委员商议请资助学堂经费，亦未定夺。戊戌变法失败，此议搁置。光绪二十七年（1901）清廷颁发诏令，"将各省所有书院，于省改设大学堂，各府厅及直隶州均设中学堂，各州县设小堂"。是年，改芦溪濂溪书院为官立濂溪高等小堂，开县内新学之先河。次年，萍乡知县郭增准召集全县士绅商议筹划，停办鳌洲书院，改设萍乡学堂。光绪二十八年（1902），萍乡学堂开办，首招收学生50名。学堂监督由郭增准兼任，副监督由萍乡大西路人、进士欧阳炳林担任。但未明确属中学堂或是小学堂。光绪三十二年（1906），萍乡学堂分设为萍乡县立中学堂和县立高等小学堂。同年，萍乡师范教育开始，在县城乐英堂设立正本女子学堂。1927年萍乡第一所幼儿园创办。中华人民共和国成立后，萍乡的教育事业发生了巨大的变化，在发展原有教育的基础上，创办了高等教育，形成了从学前教育到高等教育完整的教育体系。

一、学前教育

　　据《江西省第二区各县一年度下期各级教育概况一览表》记载，萍乡最早的幼儿教育机构为1927年创办的私立广闻幼稚园,有教师2人,幼儿27人。1942年,下期创设萍乡幼稚园,1944年,该园并入萍乡县立小学,称"幼稚部"。1946年,莲花县创办幼稚园,在园幼儿28人,教师1人。次年秋,因经费短缺而中止。

中华人民共和国成立后,萍乡的学前教育事业稳步发展。1952年,萍乡小学幼稚部因入园儿童增加而扩办为幼儿园。同年,芦溪第二小学开设幼儿园。1954年,萍矿机关幼儿园建立。1956年,萍乡县托儿所成立,并于次年改名为县商业局保育院。莲花县幼儿园成立,后更名为莲花县保育院。至1957年,萍乡县共办幼儿园(保育院)4所,在园幼儿354人,教职员54人。1958年,萍乡钢铁厂和萍乡电厂先后开办托儿所,后发展为幼儿园;萍乡镇开办保育园。至1960年,全市共办幼儿园(所)747个,在园幼儿达13806人,教职员757人。其中教育部门办园4所,幼儿479人,教职员20人。莲花县有幼儿园126所,入园幼儿达3307人,教师178人。

1961年,为贯彻中共八届九中全会"调整、巩固、充实、提高"八字方针,各类学前教育园所普遍实行"停、并、分",幼儿园所陆续停办。1962年,莲花县仅存2所。到1965年,萍乡县仅剩3所,其中教育部门1所,企事业1所,民办1所,在园幼儿455人,教职员15人。1966年"文化大革命"开始后,学前教育基本停办。1973年,个别企事业和少数农村地区开始恢复幼儿园所,到1976年"文化大革命"结束时,萍乡市计有幼儿园所39个,在园幼儿2175人,教职员112人。1979年,莲花县有幼儿园10所,在园幼儿304人,其中:厂矿6所,112人;机关、学校2所,34人;街道居委会2所,158人。

1980年,萍乡市委、市政府召开全市教育工作会议,制定《萍乡市1980—1987年托幼组织发展规划》,并成立市托幼工作领导小组,各县区、

萍乡市幼儿园游戏活动现场观摩研讨会

乡镇也相继成立托幼工作领导机构，依靠国家、集体、社会、个人多方面的努力，"两条腿走路"，公办、民办相结合，出现国家、集体、社会、个人一起办园所的新局面。据市教育部门的统计，到1985年，全市有托幼园所372个，在园幼儿26619人，其中教育部门办1个，企事业办27个，民办344个；学前班423个，在班幼儿17631人。1987年，莲花县有幼儿园168所，在园幼儿8339人，教师189人。

1992年起，由于国有企业体制改革，厂矿所办幼儿园所逐年萎缩，伴随城镇化的中心幼儿园迅速发展，且办园规范，保教并重。1996年11月，根据江西省政府《关于加强我省幼儿教育工作的意见》精神，幼儿教育管理工作从市妇联移交市教委。当年，莲花县有幼儿园50所，在园幼儿1647人，教师79人。1997年，萍乡市有幼儿园120所，小学附设学前班363个。

2002年，随着小学学制"五改六"，萍乡的学前班淡出教育史舞台。

是年，全市有幼儿园 89 所，在园幼儿 8003 人；学前班 461 个，在班幼儿 14003 人。2020 年，全市有幼儿园 742 所（民办 314 所），在园幼儿 68810 人（民办 32300 人），教职工 9317 人。

二、小学教育

据《昭萍志略》载，从清光绪二十七年（1901）改芦溪濂溪书院为濂溪高等小学堂始至宣统三年（1911）十年间，萍乡改设或创办的小学堂有宣风高等小学堂、南溪高等小学堂、大安崇实高等小学堂、萍乡公立高等小学堂、南台高等小学堂、栗江高等小学堂、西区高等小学堂等共计 61 所，其中公立 13 所、私立 47 所、教会立 1 所。1902 年，莲花县改城北琴水书院为琴水小学堂。此为莲花首所学堂，初设 1 个班，学生 50 人。

清末的萍乡，因洋务运动而成为现代工业在江南的一个重要能源供应基地，顺乎时代发展潮流，大兴学堂，各地族姓群众争相设立族学、义学及新式私塾，使广大农村，尤其边远地区的儿童得到现代教育机会。虽然此类学堂有因"经费难筹"或"师资缺乏"而中途停办者，但新学在萍乡有一个良好的开端。

1912 年，学堂改称学校，初等小学可以男女同校，小学读经科被废止。按省规定，从 1930 年 3 月至 1934 年 12 月，萍乡分五期实施四年义务教育，一时提款兴学成风，凡能从图、甲、神社、祠庙会产中提抽办学的，未有不设学校者。而在教育经费支绌的情况下，萍乡热心教育的人士奔走呼号，开明绅士暨社会各阶层积极提款兴学，是以学校有开设，萍乡的义务教育从而得到稳步发展。到 1933 年，全县小学发展到 720 所，其中初级小学 704 所，高级小学 16 所，共计小学生 31900 余人；另有私塾 42 所，塾童约 3000 人。1934 年，莲花县有公立小学 13 所，在校男生 371 人，女生 45 人；

并于当年首创私立小学。

1935年,萍乡围绕"一保一所"的目标,开始全面推行保学制。全县时有6区、52联保(后改称乡镇)、626保、7602甲。莲花县辖4个区、19个联保、187个保。凡各区所在地原设立的县立小学改为区中心小学,保联原设立的县立小学改为保联中心小学,保办学校改为保国民学校。保学制的推行,得到萍乡广大士民的积极响应,不仅很快实现"一保一校"的目标,许多地方还出现"一保二校"甚至"一保多校"的情况。1936年江西省教育厅指导员谢颐年在实地考察萍乡教育后所写的《视导萍乡小学教育报告》载:1.学校数。该县保甲编制共600保,而学校数有737所,已超过每保设一校之规定,与全省各县比较,占第二位;2.教育经费。该县每年教育经费为154486元,与全省各县比较,亦占第二位;3.入学儿童数。该县现有入学儿童数达27094人,占全部学龄儿童数60%,与全省其他各县比较,亦居第二位;4.学级数。该县公设学级866级,与全省其他各县比较,占第三位;5.教职员数。该县各小学共有教职员963人,与全省其他各县比较,占第四位。1935年,莲花县有县立高小1所,学生100人;初级义务小学5所,学生345人;私立小学6所,共16个班级,有学生520人。

1937年7月,全面抗战爆发。1939年9月,国民政府开始推行国民教育,各保设国民学校,各乡镇设乡镇中心学校,两校之内均设儿童部和民众部,对学龄儿童和失学民众分别施教。保国民学校和乡镇中心学校是在原有的保立学校和乡镇中心学校的基础上予以充实后改办而成的。1944年1月出版的江西省《国民教育指导月刊》刊载梅涣涑所撰《八十三县第一个》,文中提到:"经过全省国民教育工作的竞赛缜密审查和正确统计核定,萍乡得分最多,列在甲等",为"全省八十三个县第一个"。是年,萍乡有小学766所,在校学生44833人,占学龄儿童的70%。抗战胜利后,教育环境有所好转，萍乡小学继续稳步发展，到解放前夕，萍乡有小学 780 所，小学生 39670 人，占学龄儿童数的 70.34%。而同期江西全省的学龄儿童入学率仅为 27%。

全面抗战初期，莲花县有区中心小学 4 所、保联中心小学 15 所、保学 99 所。据抗战结束的 1946 年莲花县呈省政府的《实施教育工作总检讨报告》中记载，当时莲花县共计有区中心小学 4 所、乡镇中心国民小学 17 所、保国民学校 153 所。至 1949 年春，由于政局未定，官员无视教育，其时，全县各级学校多已停办或是停停办办，仅有完小 2 所、初小 15 所、保学 68 所。同年 8 月，莲花解放，人民政府接管了 73 所小学，其中完小 6 所、初小 10 所、私塾 57 所、学生 2777 人。人民政府遵照"维护现状，逐步改造"的方针，限定全县各学校如期复办上课。

中华人民共和国成立后，接管并改组旧有公立小学，对私立小学进行登记审查，核准立案。1949 年下半年，萍乡将乡镇中心小学调整为 44 所，村级小学调整为 698 所，私立小学仍为 13 所。各小学均于 9 月以后陆续开学。在校学生增至 44720 人，学龄儿童入学率为 77.31%。1954 年，莲花县经过整顿，全县实有完小 18 所、初小 68 所（其中民办 13 所）、在校学生 7553 人。1956 年，萍乡县委提出在下半年要有 90% 的初小毕业生升入高小。为此，要求各区、乡镇增办高小班，到 1957 年底，全县小学在校学生为 87274 人，适龄儿童入学率达到 92.47%。

20 世纪 50 年代末，受"大跃进"的影响，萍乡出现空前的办学热潮，公办小学大力扩充学额，民办小学村村开花，形成"社社有高小，村村有初小"的办学格局。1959 年，萍乡的小学生达到 99434 人。莲花的达到 13233 人。1960 年，贯彻中央"调整、巩固、充实、提高"的八字方针，学校发展相对稳定，办学质量得到重视，并开办了半工半读的"耕读小学"。

1964 至 1965 年，萍乡小学数达到历史高峰。据 1965 年统计，全市含耕读小学在内有小学 1111 所、小学生 155127 人。莲花县仅耕读小学就发展到 437 所，有学生 7689 人。

1966 年"文化大革命"开始，各级各类学校纷纷"停课闹革命"，小学也概莫能外，部分学校被停办，校舍被侵占。1968 年，实行"复课闹革命"，省革命委员会提出"小学不出生产队，初中不出大队，高中不出公社"的要求，当年，萍乡市有小学生 170660 人。莲花县公办小学增至到 210 所。1973 年后，全市小学教育正常教学得到一定的恢复。

1978 年，中共十一届三中全会以后，开始对教育进行拨乱反正，小学教育逐步走上正轨。萍乡市根据江西省文教办《关于办好一批重点中小学的意见》，确定萍乡师范附属小学为市重点小学，城关区东风小学（今城区小学）、安源镇小学，湘东区湘东小学、腊市小学，上栗区上栗镇小学、赤山乡麻田小学，芦溪区芦溪小学、新泉小学，萍矿机关小学、萍钢职工子

萍乡师范附属小学

弟小学为区（县）重点小学，并采取措施加强重点小学的建设。1985年，萍乡市如期实现国务院所提出的普及小学教育的任务，经检查验收，三县两区各项指标均达到或超过省定标准。

1989年，萍乡市制定并发布《萍乡市1989—2000年义务教育规划》。1990年，全市开展实施基本普及九年义务教育和基本扫除青壮年文盲的"两基"工作，至1998年，萍矿及三县两区相继获省政府验收通过，提前两年实现国家规定的在20世纪末实现普及九年义务教育的目标，兑现《萍乡市1989—2000年义务教育规划》。2001年起，全市各小学全部实行六年制。2015年，全市有小学484所（含教学点）、在校生15.14万人、教师7253人。2020年，全市有小学351所、教学点97个、在校小学生151274人、专任教师9069人。

三、普通中学教育

光绪二十八年（1902），鳌洲书院改办为萍乡学堂，以书院和县学田租为主要经费，校舍在泰和庵，但未明确是中学堂还是小学堂。清光绪三十二年（1906），停办萍乡学堂，分别正式创立萍乡公立中学堂和萍乡公立小学堂。中学首次招生50人，学制5年，不分初、高中阶段，学生修业期满即可投考大学本科。民国元年（1912）改称萍乡县立中学。

民国初期，中学教育无大发展。后期，私立中学增多，1914年，成立于1907年的正本女子学堂改为萍乡县立女子中学。同年，在芦溪高楼象形里创立私立濂溪初级中学；汤国万在麻山横江创立吴楚中学，1945年迁大路里谭积公祠，改名为私立五峰中学。1926年秋，颜度坚等人在南门乐英堂创办私立鳌洲初级中学，招收3年制学生100人。1929年，萍乡县立中学开办高中班。1934年，萍乡女子中学并入萍乡中学，称女生部。1936年，

萍乡中学

周圣菱在宣风茶垣创办江西高级农村实用学校，另招普通初中2个班，学生60人；翌年改为私立宣风初级中学，搬宣风龙洞坪，学生近200人；1945年停办。1939年，黎静铭等人在上栗金山寺旁创办私立金山初级中学，为今上栗中学前身。同年，在芦溪龙头山（凌云书院旧址）创办私立凌云女子中学，招女生一班。至1949年，萍乡全县共办中学7所，设高中部2所、13个班，学生639人；初中49个班，学生2132人；中学教职工171人。

莲花县在民国1937年前并无中学，小学毕业后需继续升学者，则赴永新等地就读。1938年，江西私立行健中学由南昌迁入，莲花始有中学，1944年迁吉安。1941年，创办莲花县立初级中学。到1949年，莲花县先后办过5所中学，即江西私立行健中学、莲花县立初级中学、私立四维中学、私立复礼中学和私立璃珠中学。

中华人民共和国成立后，人民政府接管中学，并进行调整。1949年下半年，私立凌云女子中学与私立濂溪初级中学合并为私立芦溪初级中学，私立五峰初级中学并入萍乡县立中学，私立复礼中学并入莲花县立初级中学。1950年莲花县立中学改名为莲花中学，并开办高中（1953年停办高中）。1951年，鳌洲、金山、芦溪三所初级中学合并为萍乡县联合中学，校本部设青草冲，于金山设分校。1952年，萍乡联合中学改名为萍乡县立中学，归县办。1955年6月，萍乡县立中学改为萍乡第一初级中学，其金山分校改称萍乡第二初级中学（9月，改为萍乡县上栗初级中学）。1956年将萍乡中学设在文昌宫的初中分部，编为萍乡县第三初级中学（同年易名为萍乡第二初级中学），又于芦溪镇创办萍乡第四初级中学，1957年改为萍乡县芦溪初级中学。同时，于高坑、鹅湖、腊市、湘东、赤山、南溪等6所完小附设初中班。翌年，分别成立初级中学。1957年，开始发展民办中学和厂矿中学，萍乡镇、上栗镇、宣风镇，各办起一所民办初中。萍乡矿务局创办职工子弟中学。是年，莲花九都初级中学创办。

1958年，受"大跃进"影响，一年内萍乡全县增办五溪、长丰、福田、桐木、东桥5所初中，还在白竺、大安两所完小附设初中班，在宣德、大路里、排上、广寒寨、官陂、桐田、河下等地办起民办初中。同年，全县中学突增31所，有学生7114人、教职工438人。这一年，萍乡钢铁厂创办职工子弟学校，萍乡铁路在铁小附设初中班（1965年改为铁路中学）；莲花县增设浯塘、复礼两所初中，莲花中学复设高中。1961年，开始调整，萍乡撤销了5所农村初中，1所城市初中和2所民办初中，浯塘初级中学并入莲花中学。次年，萍乡又撤销4所初中。1964年，萍乡市中学调整为27所，其中完全中学3所，初中24所（含民办3所）。至1965年又增至30所，在校生11883人，其中高生1628人。

"文化大革命"时期，萍乡的中学教育遭到严重破坏。初期大肆撤销、下放中学。接着又提出"三不出"口号,大办中学,特别是高中。1969年,萍乡市高中增至38所,初中增至116所。一无师资,二无设备,三无校舍,不仅降低中学教育水平,而且妨碍小学教育。为此,1973年市教育组开始调整教育布局,全市计办10所高中,47所初中。但在"左"的思想影响下,1974年又增加高中9所。各地不仅未按规定停办,有的还在增。据统计,1977年萍乡市高中多达65所(含厂矿办)。另外莲花县有完全中学5所、初中21所(含小学附设初中班)。

1978年,中共十一届三中全会召开,萍乡贯彻中央"调整、改革、整顿、提高"的方针,从实际出发,坚持一个公社办1~2所初中,高中网点逐步集中。1979年,莲花县对县内中学布点进行了调整,先后撤并长家坪、小水、汤度3所初中和高洲中学高中部,同时,小学附设的初中班也全部"摘帽"。1980年4月,萍乡市高中调整为18所(不含厂矿办)。1982年12月,再次调整初中,由75所减为60所,附设初中班的学校由110所减为30所。莲花县通过"一改二并",完全中学保留4所,初中压缩到14所。1985年,根据江西省委、省政府转发的《中共中央〈关于教育体制改革的决定〉的实施意见》精神,确立高中阶段教育的管理体制为"地方政府负责,分级管理,以县为主",改变以前"三不出"的管理体制,明确县级政府发展高中阶段教育的责任。1986年,萍乡市有初中85所、在校学生63116人。高中调整为13所,在校学生11049人。同年,莲花县城厢中学创办,至1987年,全县有初中15所、完全高中4所,共有学生11737人。

1990年,萍乡在普及初等教育的基础上,积极普及初中义务教育、发展职业教育、适度控制高中教育。1993年,莲花县复礼中学、坊楼中学2所县办完中的高中班,合并到莲花中学办学。至1998年(莲花县1992年划归萍乡市管辖,以下数字含莲花县),全市有初中109所、在校学生94207

人，初中学龄人口入学率94.2%，巩固率98.4%；有高中18所、在校学生14631人。

进入21世纪后，萍乡市民办中学又有新的发展。2002年后，先后创办安源二中、萍乡电大附中、上栗二中、莲花二中、民办萍乡一中等。2020年，萍乡有普通高中23所、在校学生37319人、专任教师2626人，初级中学87所、在校学生75393人、专任教师5462人。

四、师范教育

清光绪三十一年（1905），萍乡正本女子学堂在县城乐英堂创办，分设工艺、师范两科。此为萍乡师范教育的开始。

清宣统二年（1910），萍乡公立中学堂附设速成师范班，招生60人，修业两年。1913年，萍乡公立中学堂又附设师范班，修业一年。1925年，萍乡县与莲花县联合创立萍莲达成师范学校，校址设萍乡县城武官巷。由时任江西省教育厅厅长朱伯铨及乡绅刘存一、文群、喻伯屏、陈锡芳、柳藩国、陈义芳等人组成校董会，朱伯铨任董事长，张理文被委任为校长。经费由两县学租支付，莲花出三分之一，萍乡出三分之二。招收三年制初级师范一班。后因经费困难，于1927年停办，学生并入萍乡公立中山中学。1941年，省立萍乡简易师范学校在宣风镇邹家大屋创办。1943年莲花县立初级中学开设简易师范班。次年，省立萍乡简易师范迁江西分宜县。同时，省立萍乡女子师范学校正式开办，招收普通师范一个班，学制三年；简易师范两人班，学制四年，共招收学生158人。首任校长樊仲雯。6月，日本军队侵犯萍乡，学校迁往宜春孔庙，至1945年抗战胜利后，迁回萍乡原址——县城武官巷火宫殿。

1949年7月，萍乡解放。9月，省立分宜师范与省立萍乡师范合并，称江西省萍乡师范学校。县长盛朴兼代校长，胡采繁兼代副校长。是年，在校学生128人。1954年，萍乡师范停招简师专业，仅招普师专业。1958年"大跃进"中，开办师范大专班，按文理分科招收师专学生100人。次年5月，师专班并入宜春大学。1960年，莲花中学设师范2个班，择优招收高小毕业生100人。次年因经费紧缺而停办，除少部分学生转入县局举办的短期师训班外，余则入全日制初中学习。

为缓和教师紧缺之急，1977年4月，萍乡师范学校开办"萍乡镇地区教师业余进修学校"。同年，招生考试制度恢复，萍师招收高中毕业生，学制2年，以培养中学教师为主。1978年，增招并附设宜春高等师范专科学校萍乡大专班，开设中文、数学、物理、化学、体育五个班，学生155人，修业3年。1980年，增设民办教师班，招收5年以上教龄的在职民办教师153人。1982年，萍师与师范大专班脱钩，大专班剥离而出，另建萍乡教师进修学院（后改称萍乡高等专科学校），到1985年，学院培养师专生633人。2000年，江西省教育委员会确定萍师为全省13所师范学校之一。2003年3月，萍乡师范学校成建制地并入萍乡高等专科学校。2013年，萍乡高等专科学校升格为本科院校，设置有教育学学科。

萍乡高等专科学校

五、普通高等教育

萍乡的普通高等教育始于1958年。是时，正值"大跃进"年代，全国出现大办高等教育的热潮。是年，萍乡分别创办萍乡师范师专班和江西煤矿学院。

1958年8月，经江西省教育厅批准，在萍乡师范学校设立师专班，按文理分科招收师专学生共100人。次年5月，师专班并入宜春大学。

1958年9月，经江西省人民政府和煤炭工业部同意，报教育部批准，将隶属于煤炭部的萍乡煤校和隶属于中南煤管局的萍乡干部学校合并升格为江西煤矿学院，直属煤炭部领导。初招本科生40人（为广西煤矿局代培）、专科生234人，设采煤、机电2个专业。此外，招中专生460人。同时附设干部教育，使学校成为一所培养多层次、多类型、多规格人才，包括本科、专科、中专、职工培训班的综合性学校。1959年，学校增设选煤专业，共招收专科生232人。同时，将1957年入学的中专生转为专科生。1961年，停招专科生，全部招收本科生，教师增至310人。1962年，为集中力量办好本科，又停招中专生。本科增设经济专业。有学生近2000人、教师300多人。1964年，贯彻中共中央"调整、巩固、充实、提高"八字方针，江西煤矿学院合

江西工业工程职业技术学院

并到山东煤矿学院。

1978年，宜春师范专科学校萍乡大专班创办，设中文、数学、物理、化学、体育5个专业，首批学生150人，以培训初中急需之师资。1982年8月，萍乡大专班更名为萍乡市教师进修学院。同年11月，改称萍乡教育学院。学院下设教师进修部和师专部。教师进修部学制1~2年，年招在职教师300人；师专部学制3年，年招高考统考生300人。1993年4月1日，改名为萍乡高等专科学校，以师范专科教育为主，原承担师资培训任务不变，继续享受师范院校的优惠待遇。2000年下半年，萍乡高等专科学校与江西师范大学联合办学，开始招收中文、英语两个专业的本科班学生。

2002年，原江西第一工业学校升格为江西工业工程职业技术学院。翌年，原萍矿职工大学更名为江西应用工程学院。两学院开始从参加普通高考的考生中招收并报生，从而进入普通高等学校的行列。

2013年萍乡高等专科学校，升格为萍乡学院。学校有本、专科专业共计64个，面向全国招生。在所开设专业中，

萍乡学院

有省级特色专业6个、省级示范专业7个。在各专业建设中，有省级人才培养模式创新实验区2个、省级教学团队3个、省级精品（优质）课程12门、省级精品资源共享课程11门，有教育部、财政部资助的支持高等职业学校提升专业服务产业发展能力项目2个。2015年被列为江西省首批转型发展试点院校。

2020年，萍乡市有全日制普通高等本科院校1所，全日制在校生12561人，其中本科生12067人。教职员工850人，其中博士78人、正高职称57人、副高职称170人。有国务院特殊津贴专家、教育部新世纪优秀人才、江西省政府特殊津贴专家、江西省主要学科学术和技术带头人、赣鄱英才"555"工程人选、"江西省百千万人才工程"、江西省高校金牌教师（教学名师）、"西部之光"学者、江西省"百人远航工程"等人才工程人选30余人。全日制普通专科学校1所，全日制在校生6000人，专任教师及相应职称专业技术人员360人。

第六节　捐资助学

萍乡教育繁荣昌盛，延绵千年不断，重要的原因之一是萍乡有着崇教好学的优良传统。纵观一千多年来的萍乡历史，每朝每代均有不少地方官员和名士乡贤热衷教育事业，以兴教为己任，视助学为善举，捐资助学蔚然成风。

有史料记载的捐资助学事例不胜枚举：明嘉靖三十三年（1554），通判葛云奇置学田40亩捐县学。清康熙四十三年（1704），生员彭灏呈请知县贺邦桢捐谷百石立仓社，后以积年息谷置田捐县学。清乾隆二十一年（1756），文期圣、文集圣、文象元、叶应祥、柳黎睿共捐田 1080 把给鳌洲书院作院田，道光十四年（1834）鳌洲书院修复，文运隆独力捐建。乾隆三十年（1765）监生张朝佑捐同唐里一图田地九亩九分。乾隆三十四年（1769）赵冠典为首等 30 余人发动乡民捐银八百三十两四钱七分重修复礼书院。乾隆四十年（1775），绅士欧阳钥捐长丰乡四保一图田九亩九分。道光二年（1822），熊鸣歧捐惠津里田 540 把、樟树下房屋六间、傍屋九间、山土一峰给鳌洲书院作院田。同治七年（1868）路口庙背村刘作义等九人为首发动乡民捐铸币 5288 贯 780 文，重建复礼书院明德堂，增建同仁馆和留贴阁。萍乡书院的建立均为民众捐资所建，其日常开支基本也是靠捐助。所办私塾费用全为乡民捐助。至咸丰年间，萍乡学田达 124.4 亩，额租 158 石 6 桶 6 升，额租折钱 45 挂。除捐资捐田外，尚有捐房产者，如道光三十年（1850），有士绅捐花庙前、磨盘石店房 3 栋，每年折租 8000 文。鳌洲书院有义田 422.2 亩。

清中叶以来，清政府对参加科举考试士子的资助大副削减，各地绅士等纷纷设立助学机构——宾兴局，为考生无偿提供旅费资助。清嘉庆六年（1801），萍乡出现了第一个宾兴局即兴贤堂。此后，萍乡又相继出现了五个宾兴局：育才堂（1825）、乐英堂（1859）、乐泮堂（1859）、尚宾堂（1863）、劝贤堂（1864）。以上六个宾兴局被合称为"六堂"。"六堂"成立后，全县民众慷慨解囊，如：石甲坊蕌里坡陈从泷捐田 20 把、嘉藕塘陈欧阳氏捐田 340 把给乐英堂，蕌里坡陈济川捐钱 10 挂给兴贤堂。据《乐英堂图册》统计，"全县由观化、遵化、归圣、安乐、兴新康、廷宜、大安、长丰、名惠、钦凤十乡所捐赠的水田 1509.16 亩，收田租 2976 石，钱 20001.6 千文"。"六堂"经费甚巨，"兴贤、育才二堂广储数万金""宾、兴用租为数万倾"。

清晚期以后，废书院、立新学，捐资助学的方式不一：一是社会团体的捐助，如萍乡中学堂，在获得"六堂"的补助外，并于宣统元年（1909）向安源煤矿抽取煤捐，每年捐款银 8000 两。二是由创办人发起募捐，如廷宣九图高等小学堂创办时，募得捐租 350 余担；大安崇实高等小学堂募得田租 6000 斗、钱 4500 挂；西区高等小学堂募得捐租 2000 担。三是由祠会办学，如彭高泉溪刘氏合族开办的泉家小学堂，石甲坊慰堂公祠、陈家祠堂等私塾就是靠祠会拨款维持。四是由学生家长分担教员的薪金和膳食。

民国时期保甲制建立后，萍乡按保甲住户摊派一定数额的教育经费。规定甲种保（120 户以上）每年筹足 252 元；乙种保（101～120 户）每年筹足 228 元；丙种保（80～100 户）每年筹足 204 元。此项由各保筹措的经费扣下拨公款后，不足部分由个保住房摊派。同时，县政府曾多次提抽图、甲、神、社会办学。1937 年，为筹措保学经费，县政府还明文规定各会所提款比例。其中庙会、神会等迷信团体提拨半数，图会、甲会、文会、惜字会全数提拨，育婴堂会 15%，祠会 10%，租满 20 担的实户提拨 10 至 20 元。1940 年，县政府推行教子会，鼓励各族姓设立一个教子会，倡捐各族会产，并向政府登记备案。到 1948 年，全县登记备案的教子会共有 46 个，拥有田租约 2.86 万石。如南坑乡钟姓教子会下分 3 个祠会，每年有奖学金计谷 20 余担。其中最大的祠会有谷 15 担，最小的祠会亦有 1 担。长平乡石溪周姓教子会下分 3 个祠会，每年有奖学金计谷 5000 余担。

中华人民共和国成立后，捐资助学的优良传统得到发扬光大，1955 年原湘东镇砚田小学建新校舍，林代连一人就捐款 3000 多元。从 20 世纪 80 年代至 90 年代，张理高为排上中学和排上镇中心完全小学多次捐资修建、兴建校舍近 9 万元，为湘东中学和萍乡中学各捐资 1 万元。邓宗禹为美建小学捐资 10 万多元。刘琼瑜为竺园小学和腊市中学分别捐资 23 万元和 2 万元。从 1987 年起丁成生带领荷尧镇福利厂职工连续 14 年为改造荷尧镇 6 所危房校舍，捐资12万元。1988年6月，贺肇宁捐资1万元，设立莲花教育奖励基金会，奖励每年高考文、理科前三名和中考前三名的县籍学生。1991年，长平乡"奖励助学基金会"设立，历年"奖扶"金额累计11万多元。1991年、1994年胡俊先后捐资1万元和2000美元给坪里乡的教育事业。1992年，陈绍海捐资12万元建成沙坪小学；文瑞生、欧秋玉夫妇捐资11万元修建横江小学。曾石生带领光华耐酸工业瓷厂股东捐资近50万元建光华小学。1994年，谭学明捐资3000美元设立"君秀高考奖学金"。1997年，曾裕美捐资2万元设立曾裕美助学金。据《萍乡教育志》载，2000—2002年，全市参加捐资助学的人数达6.09万人次，捐资906.68万元。

个人捐资助学事业不断深入，单位也不甘落后。中华人民共和国成立之初，湘东镇原星火村就设立了奖学金制度，凡本村村民子弟考入高中、中专、大专院校的，分别奖励50元、100元、150元。1989年，萍乡电厂捐资5万元帮助广寒寨乡兴建高仓小学。1990年，莲花县荷塘乡珊溪村设立教育奖学金，奖励历年中、高考被正式录取的本村学生。奖金标准是：大专每生1000元，中专每生500元。湘东中学助学基金会从1990年成立至2003年，募集资金20.3万元。1999年9月，湘东区教育扶贫助学基金会成立，广大干部和教师积极响应，一批企业纷纷解囊相助，首次就募集资金20.7万元，

长平乡"奖励助学基金会"捐资助学现场

据不完全统计,自基金会成立以来,每年扶助特困生完成学业都在5万元以上,至2015年底,累计扶助学生820余人。

在市内开展捐资助学活动的同时,积极争取外援助学,先后有深圳市委驻深单位工作委员会、香港中国星火基金会、维新集团、上海隆波建筑有限公司、海尔集团等单位为萍乡踊跃捐资助学。

为推动捐资助学工作,市委宣传部、市教育局、市关工委、共青团萍乡市委、市总工会、市妇联、市民政局、市计生委、市工商联等单位成立联席会议,协调扶贫助学工作,调查、指导和总结推广扶贫助学经验,使这一工作常态化、规范化,捐资助学爱心活动蔚然成风。

萍乡市总工会于2008年启动了"金秋助学"活动,至2014年累计筹集助学资金800多万元,帮助解决了3000余名困难学子的上学难问题。2015年8月15日,萍乡市仁爱志愿者协会举办第六届"牵手童行,让爱传出去"助学慈善活动。募集善款230164.1元,衣物、鞋子等物资4万余元,有5个孩子成功结对。2017年,萍乡市妇联举行"精准扶贫·爱洒春蕾"助学活动暨"情暖家乡 圆梦学子"爱心捐助仪式。市妇联用募集到的21万元春蕾资金帮助70名建档立卡贫困户女学生圆梦大学,并携手佛山市江西商会萍乡联谊会再次奉献爱心,出资15.3万元帮助70名贫困学子继续学业。共青团萍乡市委从2007

萍乡市妇联举办捐资助学活动

年起开展"为了孩子的明天"助学活动,携手爱心企业捐资助学,累计筹集助学助教专用款 1000 多万元,先后获得 2019 年全国希望工程 30 周年突出贡献奖、2020 年江西省第二届赣鄱慈善奖最具影响力慈善项目奖、2021 年江西希望工程 30 周年突出贡献奖等荣誉。

第七节 藏书

一、公共藏书

萍乡藏书有史记载始于明代,在学宫尊经阁中设有书库,供科举应考者借阅习读。学宫书库有藏书近 3 万卷。其中有《四书》《五经》《资治通鉴》《圣谕广训》等,随着新式学校的创办,1920 年,学宫书库关闭,藏书大多转入鳌洲中学等学校。中华人民共和国成立后,公共藏书得到恢复和飞速发展,在城市和企事业单位建立了图书馆(室),在乡村建立图书室或农家书屋。

(一)萍乡市图书馆

它的前身是建于 1936 年 10 月的萍乡县大成图书馆,中华人民共和国成立后至 1960 年 9 月改称为萍乡县图书馆。1960 年 10 月萍乡撤县设市,更名为萍乡市图书馆,有藏书 9 万余册,其中古籍 7 万余册。

1980—1984 年,萍乡市图书馆在彭高、五陂下、长潭等地征集、收集入藏刊物 58 种,古籍线装书 37 部 941 册,乡贤著述 1000 余篇(册)。1988 年购置影印本《四库全书》。

至2015年底有藏书62万余册（件），其中电子图书11万余册、古籍近8万册、地方文献8000余册（件）。其中古籍珍藏如善本《天隐和尚语录》为国内孤本，清末工笔重彩画《西游记》300幅为国内罕见。还有1784年最早编修的《萍乡县志》和《昭萍志略》等。

（二）县区藏书

1. 萍乡县图书馆 1936年，在孔庙内建立大成图书馆，占地2065.8平方米，有游廊、花圃、亭榭、草地。职员4人，工人3人。首任馆长周达之。挤出经费2235.18元（法币），购置了《丛书集成》《万有文库》《四库备要》《中学生文库》《小学生文库》等大部丛书，支出40元（法币）购置名人字画。同时，由地方要人、乡绅联名发出征书启事，向全县募集图书。彭颐真首先捐献《四库全书珍本初集》一部。图书馆还向各出版社函索，藏书部数达7万余卷。特别是较系统、完整地收集了萍乡历代的地方文献及清代萍乡三位学者刘凤诰、李有棠、文廷式的著作。1940年因经费不足，闭馆改设书报阅览室，翌年恢复。但由于战火连年，特别是抗战中萍乡一度沦陷，日本侵略军入城，四处掠夺，图书馆部分古籍、文物、字画来不及疏散，损失惨重。据1948年8月《萍乡统计》第二期记载，馆藏各类图书仅22859册，报纸9份，杂志20余种。当年阅览人数为14040人次，其中图书借阅11341人次，报纸杂志阅览2699人次。

1949年7月23日，萍乡解放，9月16日县人民政府接管原民众教育馆和大成图书馆，两馆合并，定名为萍乡人民教育馆，设立图书组。时有馆藏书22678册，1950年图书馆精选部分珍本及善本古籍图书上缴北京图书馆，并补充一批解放区新版图书。1951年10月统计馆藏图书12117册。1951年土改时，中共萍乡县委发文，通知各区、乡政府及土改工作队和各界人士，保护和捐献古籍、文物及字画，计收集古籍书9万余册，珍贵字画100余件，珍藏馆内。1952年，东北人民大学建立图书馆，要求支援部分古籍副本，经萍乡县教育局批准，选出古籍1万余卷赠给该校，其中包括《古今图书集成》和《昭萍志略》等。1956年5月改萍乡文化馆图书部为萍乡图书馆。1959年建地方文献馆，收集整理地方文献资料139种，计415册，内有萍乡煤矿开办以来的史料9种，《萍乡县志》5种及民间族谱、报刊古籍残本等。1960年藏书9万余册，其中古籍7万余册。

2. 莲花县图书馆　1947年莲花县民众教育馆成立，馆内设图书室，购置图书200多册。中华人民共和国成立后，民众教育馆改文化馆，馆内仍设图书室。1952年藏书1952册，1957年增至7300册。"文化大革命"初期，图书室的一切活动被迫停止，馆藏图书所剩无几。1969年以后，图书室开始恢复活动。1978年，对馆藏图书进行了一次大清理，除有一些零碎古旧的书籍和20世纪70年代后出版的图书外，其余的报纸杂志均未保存下来，仅有《麻姑山志》4册10卷，列入国家善本书总目。1984年6月，莲花县图书馆成立，次年，采购一部大型图书——《古今图书集成》。1986年共采编国家正式出版图书、期刊60种，采收地方文献资料20种，采集检索参考资料375种，修补破旧书刊550册。1987年，有藏书3万余册。2002年，藏书4.5万册，期刊180份。

3. 芦溪县图书馆　于1984年开办，时有藏书约2万册。

4. 湘东区图书馆　于1989年成立，无馆址，与区文化馆合署办公，藏书集于文化馆图书室内。时有藏书1.8万余册，报纸杂志近100种。

5. 上栗县图书馆　于1988年创办，设县文化馆内，时有藏书1200册，现藏书1万余册。

6. 安源区图书馆　于1992创建，无馆址，与区文化馆合署办公，时有藏书4400册。

（三）基层藏书

中华人民共和国成立以前，据统计，1945年萍乡6个区（不含莲花县）、42个乡、5个镇有图书室、阅报处36处，藏书不足万册。中华人民共和国成立后，1953年莲花县坊楼、花田（花塘）、坪里、路口四乡设立图书室，1956年撤销，图书全部随之散佚。1953—1958年萍乡县先在芦溪镇年丰村建立重点图书室，接着贺仁球农业社、郊区乡、铁路等相继建立7个图书站。"大跃进"时期，先后有上栗、城关、芦溪、湘东等40多个乡镇、大队建立150多个图书室，"文化大革命"开始后，全部终止。1978年彭高公社韶源大队建立图书室，随后相继恢复图书室（站、馆）64个，至1985年，总藏书量为45643册，杂志7种，报纸223份，阅览座位669个。村级图书室（馆）247个，藏书2.9万册。其间，莲花县有乡图书室16个，村图书室140个，共藏书50341册，报刊1819种。2002年，全市有各类专业图书馆82个，藏书量达120万册，其中超过万册的25家，教育系统17家，厂矿工会系统6家，科研部门2家。至2015年，全市农村农家书屋642家，村村藏有图书。

二、私家藏书

萍乡历来文风鼎盛，私家藏书盛行。据《萍乡县志》及各族谱记载统计，自清乾隆年间至民国末期，藏书总量达72万余卷（册、幅），有族姓藏书最多的达2万余卷（册、幅）。这些藏书有经、史、子、集、汉魏晋碑帖、画谱、明清时期名人字画以及古代文物和族内名人著作等。五四运动后期，藏书发展到有政治、经济、军事、法律、中外地理、文学艺术以及医学、地质等社会科学、自然科学之类图书。中华人民共和国成立后，特别是改革开放以来，随着人民物质文化生活不断提高与需求，私家藏书，比比皆是。

（一）族姓藏书

1. 杞木李姓　提用族会款购置古今科技书籍1万余卷（册），藏于宗祠图书室。

2. 插关岭颜姓　清嘉庆年间进士颜培天充任御史，在京聚集古今图书万卷（册），遗于该族，后族会又拨款再添置5000卷。

3. 腊市凤凰村彭姓　先世文人彭炯著有《绿净山庄》诗文集。后彭尊颜遗有古籍于族中，经举人彭铭暮提用族产设立图书室，藏集古今图书上万卷。

4. 道田洲吴姓　吴隆、吴浣凡、吴仲裁等以会款筹购古籍5000卷（册），后经秀才吴才周、吴道周等又添置科技、法律、文学、艺术、经济等书达5000卷（册），共藏书1万（册）。

5. 东源冲李姓　该族前辈、拔贡留日学生李显文等提用会款购置书万卷，后有李锡年、李海峰等又陆续添置新文化、经济、法律、生产科技等书籍万余册，总计2万余卷（册），创立李氏德智图书室。

6. 北门姚姓　藏古今图书万卷于姚氏宗祠，后经姚兰仙、姚幕竹、姚仲纯等添置新文化图书5000余卷，藏书总数达2万余卷（册）。

（二）私人藏书

1. 清溪喻增高、喻兆藩公孙　两人系清代翰林，一门五代，科甲蝉联，书香之家，藏有古今名贵图书万卷，后人又陆续添置新书万卷，总藏书达2万多卷（册）。

2. 泉塘下彭涵林、彭树华伯侄　两人系清代翰林，世传藏有古今图书万卷及古今名家书画、碑帖等。

3. 下埠马迹塘黄爱堂（清末拔贡）　任上海知县时收集中西图书上万册和周、秦、汉、晋等历代文物、名家名画，留给后人。

泉溪刘炳继藏书室整齐摆放的书籍
（郑洁摄，萍乡市文广新旅局供图）

4.丹江清咸丰末年举人许茂光　曾在左宗棠处任幕僚，卸职回萍，带回古籍书画5000卷，古代文物、名画多箱，遗交后人收藏。

5.彭高泉溪村村民刘炳继　藏书达3万多册，收藏了许多珍善本书籍，有康熙年间出版的《书经》《诗经》，民国时期出版的《黄埔军校教材》等。有《二十四史》《宛委别藏》120卷等1万多册古籍书，300多册的中医书、1200多册的人物传记、5个版本的《楚辞》、6个版本的《红楼梦》，1000多册书画，3000多册连环画。

第四章 文化遗存

萍乡历史悠久，文化底蕴深厚。考古发现表明，早在十几万年前的旧石器时代就有人类生活在赣水支流——袁水畔的芦溪县宣风镇青苔岭竹山园一带。在竹山园的洞穴内，出土了属于更新世纪中期至晚期的一件人工打制的石器。新石器时代晚期遗址有上栗县赤山镇大宝山、上栗镇施家台、桐木镇荆坪，芦溪县新泉乡羊路上、宣风镇虹桥禁山下，莲花县桃岭等处。这些遗址中发现了红烧土居住面、柱洞遗址、陶窑址遗址、谷壳、饮酒器陶、觚以及玉和石质佩饰、礼品等，说明当时萍乡已进入到了农耕时代，并且有一定的文化活动痕迹。至西周，萍乡境内建立了第一座古城——三田古城，该城位于现萍乡经济开发区田中管理处。城址为台地型，东临湘水水系之萍水，城墙周长约777米，面积约4万平方米。城内出土青铜器有矛、刀、铲、箭镞，石器有斧、箭镞，陶器有足印纹陶片。1961年，距古城东北约3公里的彭高河里曾打捞出一件西周云雷纹甬钟。1989年，在古城东南约4公里处出土了两件春秋时的蟠纹甬钟。2009年，中国社会科学院考古研究所唐际根博士一行对古城进一步考察后认为，三田古城是一座以百越文化为背景的方国土城，始建年代为西周，废弃年代约为春秋末期。此城对于研究楚越文化分界线提供了可靠的证据。

几千年来，勤劳的萍乡人民用自己的智慧和双手，创造了辉煌的历史文化，如杨岐禅宗文化、上栗花炮文化等。尤其是近百年以来，萍乡人民在中国共产党的带领下，在进行革命、建设和改革中，创造了具有地域特

萍乡博物馆藏新石器时代晚期白陶鬶（口径8.6厘米，高33.3厘米，足径19.8厘米）（萍乡市文文广新旅局供图）

色的红色文化，为后人留下了一笔丰厚的文化遗产。

据《萍乡市文化艺术志》载，全市馆藏历史文物5000余件，有自远古到商周、秦汉、三国两晋南北朝、隋唐、宋元、明清各个时期的稀世珍宝。国家一级文物有商末周初的青铜饮酒具尊，西周早期的虎纽鸟兽尊盖，汉代的灰陶罐、陶权，东汉铸造五铢钱的铜范，北齐武二年铜造观音像，五代时期的连座盘膝盖托钵男身铜观音像，宋人物塑像金杯，双鱼纹金杯，元代龙泉窑训月映梅斗笠碗，青花连座净水瓶，青花菊纹连座炉，西周甬钟，西汉透光镜等14件，二级文物40件。杨岐山保存有唐代大诗人刘禹锡等撰书的碑文，及乘广甄叔禅师塔、明代邹元标书写的瑶金山古罗汉松碑，还有孔庙、杨岐普通寺、横龙寺、宝积寺等古建筑及萍实桥、如愿塔等古桥、古塔。馆藏革命文物8000余件，开放了毛泽东、刘少奇等老一辈无产阶级革命家在萍乡的旧址、旧居14处，以及各类纪念馆、烈士陵园多处。

第一节 考古遗址

一、旧时器时代遗址

（一）长平杨家湾1号洞

杨家湾1号洞位于上栗县长平乡塘上村狮岭自然村。2014年10月，萍乡市博物馆在杨家湾洞穴发现哺乳动物化石点后，中国科学院古脊椎动物与古人类研究所专家两次带队前往实地调查，与萍乡博物馆一起对化石点

长平杨家湾1号洞动物化石（上栗博物馆供图）

进行发掘。

数千件哺乳动物牙齿化石经中科院专家初步鉴定，共计6目20科40种（含未定种）。在化石数量上，野猪占绝对优势，其他常见种类还有鹿类、豪猪、黑熊、小型食肉类、鬣羚、水牛、犀牛及猴类等，而长鼻类及貘相对较少；在同时代化石点中，猴类化石最丰富，食肉类属种也更多样。灭绝种类有巴氏大熊猫、斑鬣狗、德氏狸、剑齿象及巨貘等。

中科院专家研究分析认为，杨家湾1号洞动物化石组合与湖南道县福岩洞晚更新世的古人类化石点动物群最为接近，由此推断其也应当属于晚更新世。

据介绍，晚更新世年代测定为126000年（±5000年）至10000年，大部分时期被冰川主宰。许多巨型动物在此期间灭绝，并且这一趋势一直持续到全新世。在晚更新世，现代人类物种淘汰了其他人类物种，人类传播的足迹到达除南极洲外的世界各大洲。此外，在2015年发掘工作中，于原洞穴遗址50米开外处又开挖了另一个有不少哺乳动物化石的山洞，命名为"杨家湾2号洞"。

（二）竹山园遗址

竹山园洞穴遗址位于萍乡市东部的芦溪县宣风镇京口村的青苔岭。青苔岭在地形上为一小盆地，四周高，中间低，竹山园洞穴位于盆地的中部。其洞口宽2米，高约5米，为石灰岩洞性质。因山洞下部有一片竹林，因而称其为竹山园洞穴。

1982年当地居民为追捕野兽，在洞中巧布陷阱，在挖掘沙土的过程中发现土层里含有大量的动物化石，并迅速向文物部门报告。1983年萍乡市博物馆对该洞进行了考察，初步对洞穴进行了登记和测量，并向省文物考古所报告。1985年和1987年，中国科学院古脊椎动物与古人类研究所和省文物工作队先后 3 次对该洞进行了勘察。1988年经国家文物局批准，由省文物工作队专家和副研究员领队，古脊椎动物与古人类研究所古人类专家邱中郎等对宣风竹山园洞穴进行正式发掘工作。通过发掘，清理出 17 种动物化石，有华南大熊猫、剑齿象动物群等多种化石。此外，还确认了一件经人工打制的石器，为进一步发现更有价值的人类化石提供了重要依据。根据发掘和发现情况，所发现的动物化石为新生代第四纪更新世中期—更新世晚期动物，大概距今 5—10 万年左右的地质时期。所发现的石器经权威专家辨认有明显的人工打制痕迹，说明此地是江西最早有人类活动的地区。

宣风竹山园洞穴遗址（萍乡市文广新旅局供图）

二、新石器时代遗址

中国的新石器时代是原始社会氏族公社由全盛到衰弱的一个历史阶段，它以农耕和畜牧的出现为划时代的标志，表明已由依赖自然的采集渔猎经济跃进到改造自然的生产经济。这个时代大致开始于 1 万年前，结束于 5000 至 2000 年前。新石器时代一般有三个基本特征：制造和使用石器；制作使用陶器；出现农耕和畜牧业。

7.5万年前到1万年前，全球范围内发生了一次冰期（也被称作末冰期）。这次冰期对当时的地球的动植物和人类文明的进程都产生了巨大的影响，估计冰期时的全球平均气温比现在低8~12℃，也许是因为冰期的气候造成植物转移到低纬度地区，并且面积大量减少，又进一步造成食草动物减少和类似于剑齿虎的食肉动物灭绝。

1万年前是末次冰期结束的时候，转暖的气候和降雨的增加对人类文明进入新石器时代提供了非常好的自然条件。但是，环境毕竟发生了巨大的变化，使人类原来的采集和狩猎为主的生活方式受到挑战，因为在冰期时代和冰期结束初期，可供采集的植物很少，可供狩猎的动物也变得稀少，迫使生活在这个时代的人类不得不去寻求新的食物来源。诸多因素的叠加，使人类终于在进化史上又迈出了一步，尝试种植植物和养殖动物来满足需求。新的获取食物方式也使得原来用于采集和狩猎的打制石器不再得心应手，于是更加细致地磨制石器（包括原来的石磨盘石镰）、骨器（标枪头和鱼叉）以及用于食物贮存的陶器就应运而生，随着农业的产生，人类就进化到了新石器时代。据考古考证，在4000年前左右萍乡境域已进入新石器时代，我们的祖先就在这片土地上劳动、生息、繁衍，从事着渔猎和原始的农业生产。

（一）新泉遗址

位于芦溪县新泉乡羊路上，今大安中学所在地。遗址在高出农田地面5至8米的黄土台地上，前面是田野和河流，系武功山、乔岭、茅店三水相汇的袁水发源地，遗址依山傍水适宜于古人类居住、繁养、生息之地。遗址东西长约200米，南北宽约150米，总面积约30000平方米。为了探测遗址的文化堆积，1974年10月，江西省文物工作队、北京大学历史系考古专业教授李仰松和萍乡市博物馆考古人员对该遗址进行试掘。试掘结果表明，表土层厚40厘米，第二层为文化层，厚40至60厘米，第三层为灰土层，厚50至80厘米。在第三文化层中发现有大量的红烧土，红烧土中夹杂有明显的稻谷壳痕迹，有柱洞和灰坑，出土文物80余件和部分陶片标本。其中各种形制石斧8件、大小石刀3件、穿空石刀1件、石锛11件、石矛6件、石镞25件（石镞类型有三棱形、柳叶形、三角形和圆柱形）、石杵1件、大水砺石5件。各类石器以磨制为主，制作精细，有利用痕迹。生活用器以陶制品为主，陶器有三足壶形鼎1件，还有陶纺轮、陶豆、网坠。从陶片看有缸、缶、鬲、盘等，多属泥质软陶。残破器足有扁形足、虎牙足、鸭嘴足、方形镂孔足。陶片纹饰有方格纹、绳纹、编织纹、刻划纹、附加堆纹。陶纺轮6件，形制有算珠形、斗笠形、平顶形。陶网坠三件均属圆柱形。据考证，该遗址为4000年前新石器晚期萍乡古人类定居的地方，属于新石器晚期遗址。

（二）大宝山遗址

位于上栗县赤山镇宝塔岭上。遗址北边是连绵起伏的杨岐山脉，南面是开阔的农田，从北来的周江水绕遗址山坡渡过。遗址在高出农田地面20米左右的黄土台地上，东西宽约150米，南北长约300米，总面积约9万平方米。1977年至1979年，市博物馆对该遗址进行调查和清理。因基建施工，将遗址隔成南北两段。市博物馆文物工作者在施工的北段清理了三个灰坑，在南段清理了一个灰坑，定为一、二、三、四号灰坑。

一号灰坑口呈椭圆形，宽2米，深1.4米，底锅形。土层呈浅灰色。出土的文物有：石刀、石斧、石箭镞、扁形器足、陶拍、陶垫、陶纺轮20余件。陶质为夹砂红陶和泥质灰色软陶，器物除陶拍、纺轮外没有完整器物。

二号灰坑，口径1.5米，深1米左右，土层呈浅灰色，出土遗物有石镞、凸底盆（残）、带柄陶盆（残）、陶豆、器足等 10 余件。陶质为素面夹砂灰色软陶。

三号灰坑，长 4 米，宽 3.4 米。深度：东边 2 米，西边 1.5 米，呈弧形。土层坚硬呈深褐色。出土器物有大小砺石 10 余件，成坯的石料 30 余件，坑底有大量的红烧土，当中有烧火坑和柱洞。火坑面积 0.5 平方米，深 30 厘米，坑内有烧土和木炭屑灰。坑东边发现方形石斧 1 件，石镞 2 件，鬲足 1 件。在红烧土中夹杂草和谷壳。

上述三处遗址共出土石制生产工具 50 余件和大量的陶片标本。陶片纹饰有粗绳纹，断绳纹，粗、细方格纹，篮纹，网结纹，其中器足有刻划纹，钻孔螺旋纹。三个灰坑的文化堆积各有不同。一号灰坑出土的主要有陶制品，二号灰坑以炊器为主，三号灰坑以石料制作工具为主。

四号灰坑面积比较大，呈长方形。东西长 8 米，南北宽 2 米，深 1.5 米，底宽 1 米，土层由浅灰色到深灰色，出土了大量陶片标本。从陶片口沿和底足可以辨别出有陶鼎、罐、大口尊、瓮、甗、缶、盆、豆、纺轮等。陶质以红硬陶为主，有火候较高的原始瓷片，陶片纹饰有云雷纹，组合云雷纹，细绳纹，粗、细方格纹，弦纹，刻画钻孔纹，篮纹，网结纹等。

据考证，遗址有着早晚两个不同时期的文化内涵。遗址北段是同新泉遗址为同一时期的古人类定居的地方，属于新石器晚期遗址。遗址南段与樟树吴城文化遗址有相似之处，为商周时期人类居住的地方，属商周时代。

（三）山下遗址

位于芦溪县芦溪镇山下村，遗址东西长约 75 米，南北宽约 50 米。总面积 3750 平方米。西北边是村小学和村民住宅，东南边是武功山脉和玉女峰。遗址表土层为旱作农耕土，土层呈灰色，文化层厚约 1.5 米。在文化层堆积中采集到的文物有：石斧、石刀、石箭镞，并收集到大量的陶器标本，从陶器的边口沿及底部可辨认的陶器有鼎、缸、鬲、缶、陶豆和各种器足，其中有扁形足、狼牙足、鸭嘴足等。陶片纹饰有粗、细方格纹，绳纹，刻划纹，附加堆纹，陶质以泥质灰色软陶多，生产工具以磨制石器为主。据考证与新泉遗址相类似，为原始社会晚期新石器时代遗址。

（四）虹桥遗址

1981年冬全市文物普查，在芦溪县宣风镇虹桥村禁山下发现的一处古文化遗址，面积约1.5万平方米。遗址西北边是开阔的农田和宣风镇政府所在地，东南边是连绵起伏的万龙山脉，沂水沿遗址在宣风与袁水相汇。遗址在高出农田约5至8米的黄土台地上。表土为农耕土，呈灰色，文化层厚1.6米。在遗址中采集有石斧2件、大小石刀3件、穿孔石刀1件、石镞2件、陶范1个及陶片，鼎、鬲、豆若干。

1988年5月至6月，江西省考古研究所与萍乡市博物馆对虹桥遗址进行了挖掘，发掘5米×5米探方4个，计100平方米，出土器物有石斧、石锛、石刀、石矛、石镞、砺石、石球、石料等。陶器有瓿形器、鼎、豆、盆、壶、釜、鬲、甗等残片，较完整的器形有瓠、陶垫、陶拍、陶印模、网坠、纺轮等，还有大量的红烧土。考古确认该遗址为新时代晚期至商周时期。

（五）荆坪遗址

位于上栗县桐木镇荆坪村的勾形岭。遗址在高出农田地面约30米的黄土高台上，东西长44米，南北宽约166米。总面积约7000平方米。遗址南面是农田和古代河床，横跨一条通往湘赣两省的浏（阳）万（载）公路，西北边是连绵起伏的楚山山脉。在遗址中采集的标本有半磨制石斧3件、石矛2件、石箭镞2件，各种纹饰的陶片有30余件。从陶制品的口沿及底部可辨认的器物有陶鼎、陶豆、鬲、缶、瓮、甗等。陶质有夹砂红陶和黑衣灰陶。陶片纹饰有粗、细方格纹，绳纹，篮纹，筰格纹。据考证，与新泉、山下遗址相似，为新石器时代晚期遗址。

（六）施家台遗址

施家台遗址位于上栗县上栗镇新建村施家台上。东西长约 100 米，南北宽约 80 米，总面积 7000 平方米。西北边是一片开阔农田和原上栗街所在地，东南边是杨岐山和斑竹山，栗水从北向西绕遗址山坡流过。遗址在高于农田地面 10 米的黄土台地上，表土层为耕土，文化堆积深约 1.2 米。从遗址中采集的标本有磨制石斧 4 件，各种纹饰的陶片 50 多件。从陶器的口沿及底部可辨认的器物有陶鼎、陶缸、鬲、缶、豆等，陶质以灰色软陶为主，纹饰有粗、细方格纹和绳纹，制作原始。所发现的灰坑中大部分底部含有红烧土。据考证，与新泉遗址相似，为新石器时代晚期遗址。

三、田中古城

1977 年，萍乡市文物部门在田中村土城坡进行文物调查时，发现了一座商周时期的古城遗址，称之为田中古城。该古城处于田中村的土城坳上、土城坳下、何家圳等自然村之间的一座高台地上，东南西三面是一片开阔农田，北面是连绵起伏的杨岐山脉，一条宽阔的江水从遗址的东北方流向西南方与杨岐水相汇流入萍水。遗址台地东南面高出河床 20 多米，西面高出农田约 5 米。城址略呈梯形，城内及周围地势总体上东北高、西南低。东墙和西墙大致为南北走向，南墙和北墙大致呈东西走向。东墙长约 160 米，南墙长约 240 米，西墙长约 154 米，北墙长约 223 米。周长约 777 米，面积约 4 万平方米。古城四周城墙用含砂石的红土夯筑而成，城墙残高约 3 米，城墙顶面宽约 3 米。城墙基宽约 12 米，古城东南西北各设一城门。

1977 年至 1987 年间，江西省和萍乡市的文物部门多次对田中古城进行

田中古城遗址城墙剖面图（萍乡市文广新旅局供图）

调查，在遗址内采集的器物有石锛、石刀、石斧十余件，陶片百余块。从采集的陶片口沿和底足推断器形有鼎、豆、尊等。

陶质有夹砂灰陶、夹砂红陶、泥质灰陶、泥质红陶、硬陶，以硬陶占多数。

陶片纹饰有粗方格纹、云雷纹、勾连云雷纹、米字纹、断绳纹、蕉叶纹、菱形凸点纹、斜方格纹、刻划纹等，以米字纹和蕉叶纹居多。在遗址东边靠城墙根发现一灰坑，在灰坑部面采集到泥质方格纹陶鼎一件（残）及陶豆、陶罐等残片若干。

20世纪70年代末在遗址南面250米的庵子山也发现有商朝时期的遗迹和遗物，并采集到青铜器。城址北墙外230米处的台地上采集到细绳纹陶片。20世纪60年代，在城北约1500米处的彭高镇萍水河中捞出2件西周早中期的青铜甬钟。1989年，距田中古城约5公里的萍乡安源镇十里埠也发现西周早中期2件甬钟；在芦溪、宣风等也出土过春秋时期铜矛，战国铜鼎、铜剑和西汉五铢钱范等。

田中古城虽然本身面积不大，约4万平方米，但在其周围5平方公里内分布有很多同时期的聚落。因而它所代表的是一处大型的古代聚落群，古城本身应该是聚落群的中心所在，说明当时的田中古城在古越族地区来说，无论在政治上还是在经济上都是有着举足轻重的历史地位。国际考古学家、商文化首席研究专家唐际根在《三田古城的发现及其考古学意义》说："三田古城不仅是萍乡最早的古城，在整个湘江流域的东部也是最早的；该城是西周、春秋时期扬越范围内屈指可数的几座城邑之一。对研究扬越的政治格局和社会状况具有重要的学术价值。"另外，他还在《田中古城背后的楚与百越》中称：田中古城的始建年代可能不会早于晚商，废弃年代是春秋晚期，很可能是作为独立政权或独立政权的一部分存在，而田中古城的废弃时间点正好又与萍乡得名"萍实说"相吻合，是楚文化南扩的见证。

四、安成侯墓

位于莲花县工业园区罗汉山老虎坳。该墓葬为一座带墓道的大型土坑穴墓，坐西朝东。其形制结构之大、随葬品之丰富、制作之精细、摆放之讲究，在江南地区少见。墓室长10.39米，宽8.9米，深度1.5米。据不完全统计，墓室出土的随葬品陶器、铜器、金器、玉器、铁器上百件。在这些出土文物中有一枚龟纽印文"安成侯印"四字的金质印章，据考证，墓主人为西汉安成侯

西汉安成侯金印
（萍乡市文广新旅局供图）

刘苍。按照汉代的礼制，九鼎为天子，七鼎为王，五鼎为侯，三鼎为大夫。专家们在此墓葬中发现至少有七个瓷鼎，且其造型、色彩十分豪华，也进一步确认了主人的身份。

考古专家介绍，汉景帝二年，景帝加封其子刘发为长沙定王。刘发子女众多，史书上记载有儿子16个，除嫡长子刘庸被立为王太子，其余15个儿子均依例封为诸侯，其中次子刘苍被封为安成侯。安成就是平都郡，当年安福、莲花、永新、宁冈、泰和都属于平都郡所辖。刘苍又名刘自当，逝后谥号为思，意为子孙后代能追思其祖源于长沙。其后，安成侯国传三世，汉昭帝元平元年（前74），安成侯国被撤销，末侯刘寿光隐居江西安福寮塘谷口，仍以钦风、永嘉二乡为食邑，其后人便成为庶民。安成侯国的国都在今江西安福县安成诚湖里。

安成侯刘苍墓的出土，填补了莲花县无汉代历史记载的空白。

五、黄花驿

黄花驿，在今湘东区湘东镇黄花村。史载东周（前770—前256），萍乡有黄花驿，东汉建安八年（203），江南郡县间道路开通，豫章郡至长沙郡驿道贯穿萍乡，黄花驿就设在黄花村的黄花渡西岸。《昭萍志略》载："黄花渡在县西玉山里，旧有桥，因文姓植菊桥边，故名。后圮，里人置船为渡，故又称黄花渡。因古时曾设驿站于此，又叫黄花驿、黄花站。"黄花驿历经两千余年，唐代薛逢，宋代朱熹、范成大、卢炳，清代查慎行等文学家、思想家、诗人过此，均作诗词赞美。

薛逢，字陶臣，蒲洲河东（今山西永济市）人，唐会昌元年（841）进士。唐武宗会昌元年，薛逢以第三名的优异成绩考取进士，很快便担任了万年县尉；没过多久，他又担任河中幕府里的文书职务。时值崔铉被任为宰相，而崔对薛很器重，遂让薛担任弘文馆里的学士。此后薛又担任侍御史、尚书郎等职务。

薛逢在中进士后，调江西任职时，路经萍乡时赋诗《黄花驿》：

孤戍迢迢蜀路长，鸟啼山馆客思乡。
更看绝顶烟霞外，数树岩花照夕阳。

朱熹（1130—1200），南宋哲学家、教育家，号晦庵。徽州婺源（今属江西）人，理学的集大成者，儒家的主要代表人物之一。著有《四书章句集注》，以及后人编纂的《晦庵先生朱文公文集》《朱子语类》等多种。

南宋时期，朱熹与张栻、吕祖谦被称为"东南三贤"。绍熙五年（1194）深秋，朱熹从福建赴湖南长沙岳麓书院访问张栻并讲学，"朱张会讲"轰动一时，并在中国文化史上传为佳话。朱熹返回时，11月26日来到萍乡西边的黄花驿。黄花驿临水而建，时令正值黄菊盛开的季节，朱熹欣赏之余颇感景物与驿站名吻合，又见"站舍明洁"，墙壁上"有朱伯亭题诗，亦颇不俗"，于是诗兴顿起，唤来笔墨，"因录而和之"，得《十一月二十六日宿萍乡西三十馀里黄花渡口客舍稍明洁有宋享伯题诗亦颇不俗因录而和之》：

鼎足炉边坐，陶然共一樽。
道心元自胜，世味不须论。
安稳三更睡，清明一气存。
虽无康乐句，聊尔慰营魂。

这位理学大师在诗中阐述，在凡尘具有高尚道德观念的人，因为神志清静明朗，心存浩然之气，故不会受到纷纷扰扰的红尘干扰，可以安稳地睡三更好觉，这些虽然不是如何安乐的句子，但聊以抚慰心灵与精神。可以想象，朱熹炉边饮酒、题诗之时，心怀澄明之秋水，面呈淡雅之秋色，于是有了这抒臆之诗、言志之诗。

第二天一早，朱熹又上路了，经过萍乡县城由当地士人陪同拜谒了孔庙，赞叹其规模宏大，诚心深表敬意。在接受士人的热情款待后，朱熹才又启程。

两天之间，朱熹在萍乡道中赶路，留下诗作，可见兴致颇高，诗情颇浓。是萍乡的所见所闻深深地吸引了他，抑或是他胸怀浓郁的情愫因所见所闻的触发而痛快淋漓地倾吐呢？

后来，为纪念朱熹题诗，道田洲吴姓族人于黄花渡口建亭，引朱子诗意题匾"稳睡亭"，并镌有亭联："东来千里皆吴地；西过两关是楚江。"

清初著名诗人、官至翰林院编修的查慎行，于康熙五十七年（1718）春三月，游粤返归，路经萍乡湘东，"览黄花渡，悠然想朱子遗风，既而篮舆山行，历县城抵芦溪市。所过花草柳岸，概绘之于诗"，留下了《自湘东驿遵陆至芦溪》：

黄花古渡接芦溪，行过萍乡路渐低。
吠犬鸣鸡村远近，乳鹅新鸭岸东西。
丝缫细雨沾衣润，刀剪良苗出水齐。
犹与湖南风土近，春深无处不耕犁。

如今，黄花驿地名仍在，并已经成为一个独特的文化符号。

第二节 文物

一、西周甬钟

甬钟是编钟的一个种类。编钟又叫歌钟，是我国古代重要的打击乐器。它兴起于西周，盛于春秋战国直至秦汉，用青铜铸成。由大小不同的扁圆钟按照音调高低的次序排列起来，悬挂在一个巨大的钟架上，用丁字形的木锤和长形的棒分别敲打铜钟，可以演奏出美妙的乐曲。历代的编钟形式不一，枚数也有异。据文献记载和出土文物证实，西周的编钟一般是由大小3枚组合起来的。春秋末期到战国时期的编钟数目逐渐增多，有9枚一组的和13枚一组的，甚至更多。如湖北随县曾侯乙墓出土的编钟有46枚，这是目前出土钟数最多，也是至今为止最完整的编钟组合。古代用于宫廷雅乐，每逢征战、宴享、朝聘和祭祀，都要演奏编钟。它可以用于独奏、合奏或为歌唱、舞蹈伴奏。编钟的钟身呈椭圆形，很像两块瓦片合一起，上径小，下径大，纵径小，横径大，钟口边缘不截齐，两角向下延伸，成尖角形。顶端有柄的

彭高编钟（萍乡市文广新旅局供图）

唐天宝五年龙钮铜钟（萍乡市文广新旅局供图）

为"甬钟"。钟的各部位都有特定的名称，上部称为钲，下部谓之鼓，钟口两角为铣，钟唇曰于，钟顶名舞。

在钟的鼓部，铸有精美的图饰，钲部纹饰称为钟带或篆间，每枚钟的钲部都有 36 个突起的隆包，谓之钟乳或枚。

在古代，编钟是上层社会专用的乐器，是等级与权力的象征，并以其数量多少和形制的大小来显示主人身份地位。

1962 年 7 月、1984 年 3 月、1989 年 4 月萍乡境内先后三次出土了西周时期的甬钟，为研究萍乡在西周时期的政治、经济和青铜文化以及铸造技术，提供了珍贵的实物史料。

1962 年 7 月，彭高镇一村民在彭高桥河中，捞起两件甬钟。甬钟出土时两件顺叠，器身粘有白膏泥。两件甬钟均为红铜质，式样与器表、装饰完全相同，唯有大小之分。大者净重 10 公斤，全高 41 厘米，甬高 12 厘米，鼓高 29 厘米，壁厚 10 厘米；小者净重 8.5 公斤，全高 38 厘米，甬高 12 厘米，鼓高 26 厘米，壁厚与大者同。器表的花纹线条较细，大部分模糊不清，干部为饕餮纹，舞部有勾曲纹两组，篆带作云雷纹，鼓下纹饰已模糊难辨。器形的特点是：甬部有凸形干，干与甬间附有绳形旋，钟身有大小成组的钟乳，钲间呈长方形，口曲作内弧。

1984年3月下旬，在芦溪县银河乡邓家田村，一村民在岩下钟棚开荒种菜时发现两件甬钟，出土时甬部在下，口腔朝上，钟上压着两块石头。甬钟呈浅绿色，造型古朴，器型完整，钟通高40.1厘米，甬长14.5厘米，甬下径5.0厘米×5.5厘米，甬上径5.9厘米×6.1厘米，舞修19.1厘米，舞广16.2厘米，钲长21.4厘米，铣长25.9厘米，铣间23.5厘米，鼓间19.4厘米，壁厚0.9厘米，钟乳1.5厘米，重9.5公斤。钟为覆瓦状，阔腔，无封衡。甬中空与腔体相通，有旋无干，平舞直铣。钟身两面均铸有凸形乳钉枚，3枚一组共12排计36枚。枚与篆钲相隔，枚与篆的间距很大，鼓部狭窄呈带状，钲部长方形，于内弧。腔内平整，无内唇。旋、舞、篆、鼓部均饰云雷纹，甬、钲素面，鼓部饰一对变形夔纹，于口内有一道纤细弦纹。

1989年4月，在安源镇十里村，一村民在山上挖山药时，挖出了两件甬钟。据该村民称，甬钟离地表有一米多深，出土时两件甬钟叠放。该两件甬钟与彭高和银河邓家田村出土的甬钟器形大致相同，只是在部分纹饰上稍有不同，形体也比彭高、邓家田的要小些。两件甬钟也有大小之分，稍小的一件通高40.3厘米，甬长12.6厘米，甬下径4.9厘米，甬上径5.6厘米，舞修20.7厘米，舞广14.6厘米，钲长24.1厘米，铣长2厘米，铣间24.8厘米，鼓间18.2厘米，壁厚1厘米，枚高1.3厘米，重13.5公斤。较大的一件通高39.9厘米，甬长14.4厘米，甬下径4.7厘米，甬上径6.7厘米，舞修20.0厘米，舞广14.8厘米，钲长23.7厘米，铣长25.4厘米，铣间24.5厘米，鼓间17.8厘米，壁厚1.3厘米，枚高1.3厘米，重16.65公斤。

从器表装饰上，大小两件略有区别。稍小的旋部靠范线两边饰四凤目纹，篆部饰山字勾连云雷纹，枚、篆间有两道以线圈点带纹框格，鼓部饰对称变形饕餮纹，舞部及钲间光素，腔内无纹饰。较大器表旋部及篆部饰山字形勾连纹，篆部纹饰以线框格式圈点框隔，舞部及钲间光素，鼓部饰变形饕餮纹。

从形制上看，两种保存基本完好，通体绿锈覆盖，多数枚端锈蚀较甚，皆呈覆瓦状，钟体厚重，甬中空与腔相通，无封衡，有旋无干；均有凸枚4组，共36枚，格呈双叠台形。鼓部狭窄呈带状，一件鼓为7厘米，一件鼓为4.5厘米。枚与篆的间距较大，为6~7厘米。稍小的一件于弧较高广，于口有加厚的趋势。两铣基本成直线。较大的一件于口弧曲较小，内无唇。范线清晰，均无铭文。

萍乡三次出土的甬钟，形制大体相同，都是空甬，狭鼓式，甬空与腹腔相通，无封衡，而纹饰也多是雷纹和饕餮纹。它们的发现，表明萍乡在商周时期就能铸造青铜器。1988年在宣风镇虹桥遗址中采集到青铜器的陶范一块。1981年在银河镇山下商周遗址中，采集到短剑石范、红烧土块和带有铜色的铁碴块，陶范呈青灰色，范上还有浇铸过器物的痕迹，遗址中还出土过铜矛、铜剑、铜镞等。这些商周遗址采集的印纹陶片都有云雷纹、勾连云雷纹、变体雷纹、菱形纹、圈点纹、重回字纹、绳纹、曲折纹、回字加点纹等，这些纹饰都是商周时期盛行的铜器纹饰。甬钟和遗址的出土和发现，反映了在商周时期，萍乡是一个经济、文化比较繁荣的地方，为田中古城属土著百越人所建立的地方都邑扬越方国提供了物证。

二、西汉透光镜

远古时候，人们是用水来照见容貌的，但是用水来照影很不方便，进入青铜时代以后，人们开始用铜镜来照见影容。据考古发掘表明，商代以前就有铜镜，只是到了战国时代才普遍使用青铜镜。

在许多古代的青铜镜中，有一种很特殊的镜子，它看上去和其他镜子

西汉见日之光铭文铜镜（萍乡市文广新旅局供图）

一样，没有什么太多引人注目的地方。它的正面微微凸起，光洁而明亮，既能够清楚地照出人的形象，又能在阳光照射下将镜背面上的图文完整地映到墙上。它的背面有一圈铭文"见日之光，天下大明"，八个字的每两个字之间有一个装饰性符号，它的中心有一圈连弧纹，这类青铜镜的形制是属西汉中期的。当平行光线照射镜面时，镜面的反射光线就产生一个奇异的现象，会投射出与镜背文字和纹饰相同的影像，效果恰似光线从铜镜透过一般。我国古代文献中，称这种镜子为"透光镜"。这种铜镜工艺制作技术极为高超，体现了高超光学原理运用，具有极高的历史、科学和艺术研究价值，是非常珍贵和罕见的文物精品，全国各地博物馆收藏古镜很多，但能透光的仅有4面：上海博物馆收藏1面，1977年萍乡市发掘1面，1985年湖南省攸县出土1面，1987年河南省新蔡县发现1面。

萍乡市发掘的透光镜，是1977年11月，在上栗县福田镇三田村庵子山考古发掘出土的。铜镜的出土点原是一座西汉时期的土坑墓。这面铜镜直径6.9厘米，厚0.5厘米，重约54克。镜面微凸，鼻纽柿蒂纹纽座。纹饰分成四区，均为浅浮雕。纹饰间以细凸弦纹相隔。外区斜线梳纹；二区饰

"见日之光，天下大明"八个字，字间以卷云纹和田字纹相隔；三区饰斜线栉纹；内区饰内向八弧纹和四乳钉。

很明显，青铜器是不能透过光线的，而透光的铜镜居然能反射出镜背的图案花纹，这是为什么呢？研究发现，西汉透光镜的镜面，有微小的起伏，用肉眼无法察觉，只有通过光程放大之后，反射光的散射程度不一致，才能形成明暗不同的亮影，而造成透光现象。铜镜在铸造过程中，镜体较薄处冷却较快，镜环较厚处冷却较慢，产生铸造残余应力，在研磨过程中又发生弹性形变，使铜镜成为具有曲率差异的全凸镜面，镜面产生与镜背花纹铭文相应而肉眼不易察觉的曲率。除了这些原因之外，磨镜也是一个重要的关键，在磨镜面时，用力要恰到好处，铜镜到一定程度，镜体逐渐变薄，一旦把手松开，铜镜表面不受压力时，镜体中间薄的部分就弹回来，使镜缘翘起，镜面突了出来，有铭文和花纹的部分较厚，刚性大，曲率较小，当镜面受光时，反射集中，投影较亮，无字处较薄，弯曲度大，反射光发散，投影较暗，研磨时的压应力产生弹性形变，使整个镜面放射出与背面花纹相对应的明暗图像，产生了所谓的"透光"现象。

总之，西汉透光镜的透光机理可归纳为："铸造成因，研磨透光。"现存世的西汉铜镜很多，能透光的微乎其微，所以现存世的透光镜件件都是稀世珍宝。现存世的透光镜镜面形成了一种叫"玻璃廓"的保护层，使镜面平滑光亮，如冰似玉，照人映物，纤毫入内，折射出一种宝光。"玻璃廓"一旦形成，镜面将永不锈蚀。透光镜镜面"玻璃廓"的成因有专家作了专门研究。据《文汇报》1999年12月6日报道，"运用凹凸透光原理的古代铜镜制作工艺十分复杂，材料选用严格，研磨周期极长，自然形成表面保护层'玻璃廓'更需一个世纪的光景……"

透光镜的出现，充分体现了我国劳动人民的智慧和创造能力，是我国古代铸镜工艺史上的一项杰出创造。透光镜巧妙地将古人追求的生活实用性和艺术欣赏性融入方寸之间，承载着古人对美好事物的祈愿和向往，是研究其盛行时期政治、经济、思想文化、社会生活及时代风尚珍贵的实物资料。透光镜在萍乡的出土，也折射出萍乡地区当时发达的经济、文化水平。

第三节 萍乡文庙

文庙（又称先圣庙、孔庙、夫子庙）是纪念和祭祀孔子的地方。由于孔子创立的儒家思想对于维护社会和谐安定所起到的重要作用，历代封建王朝对孔子尊崇备至，从而把修庙祀孔作为国家大事来办。中国最早且至今规模最大的文庙，当属修建于公元前478年的曲阜孔庙，这是鲁哀公在孔子逝世的第二年，将曲阜的孔子故居三间辟为收藏他生前的衣冠琴车书等的场所，并派兵卒守护，一年四节予以祭祀。至公元前195年12月汉高祖刘邦亲自祭祀孔子，开创了帝王祭孔的先河。到汉武帝采纳儒生董仲舒"罢黜百家、独尊儒术"的文化政策，儒家学说成为显学，在中国古代社会开始居于正统地位，于是祭孔活动也倍受统治者的重视，成为国家不可缺少的常典，扩建孔庙之风随之兴起。唐贞观四年（630），太宗下诏："天下学皆各立周、孔庙。"自此孔庙遍及各地。这些孔庙，除作为国庙的曲阜孔庙、北京孔庙等四座孔庙外，文庙就与各地府学、县学合而为一，具有学庙性质，是以办学为宗旨的将学习儒家经典的学校与祭祀孔子的礼制性"庙"宇相结合的国家行政教育场所和祭孔场所。它由政府教育行政主管部门直接管理，重在"学"字。最多时，全国各地的孔庙有 2000 多所，每一州、府、县治所所在地都有孔庙或文庙。其数量之多、规制之高，建筑技术与艺术之精美，在我国古代建筑类型中，堪称极为突出的一种。它是我国古代文化遗产的重要组成部分。据考证：目前分布在全国已知的 22 座孔庙、文庙、夫子庙中，建成时间最早的是山东曲阜孔庙、江西萍乡孔庙、南京六合孔庙、江苏苏州孔庙。至今各地留存的孔庙大多都是省、市乃至全国的重点文物保护单位，有的继续为中小学校，有的则成了地方博物馆，有的则开放为旅游观光点和祭祀活动场所。

萍乡文庙亦称孔庙、学宫，始建于唐武德年间（618—626），现存孔庙中仅晚于山东曲阜孔庙，历经了"七朝风雨，更迭八迁，择建六地，重建十二次，大修十八次"，距今已近 1400 年。是江西省保存最为完好的三座文庙之一。现存建筑为清雍正十二年（1734）所建。

萍乡文庙

早在唐武德年间，萍乡县治从芦溪古冈迁凤凰池时，就由县令唐蕚主持，在原宝积寺右侧兴建了第一座萍乡文庙。宋绍兴年间（1131—1162）因战争被毁，知县事郭涛将文庙迁于"尉司左"。绍兴二十二年（1152），知县事程昌时迁建于"县右"。乾道四年（1168），知县事赵公廪主持，主簿袁采迁于县治后"车田"。淳熙十年（1183），知县事孙逢吉重修。元朝皇庆二年（1313）县尹燕琦重修，到元至正十二年（1352）又因战事被毁。明洪武四年（1371）知县事李顺英率众重建文庙，且在文庙之后设立讲堂、斋舍，并建射、圃、司、教等房屋。洪武二十八年（1395）知县袁均正又增建尊经阁。正统元年（1436）知县刘敬建馔堂。正统十一年（1446）知县邓福建讲堂。弘治元年（1488）文庙毁于大水，知县江吉迁建于"西隅沈家冲"。弘治十七年（1504）知府朱华、知县张时孜改建于宝积寺东面。明正德十年（1515）知府徐琏、知县俞廷济等人又将文庙建于"沈家冲"原来的地方。两年后知县高桂增修。到嘉靖三年（1524）副使查约等人将文庙改建开西隅大街，也就是现在的文庙一带。

嘉靖三十五年（1556）知县杨自治大修，在二门的夹道旁边种上柏树。万历四年（1576）知县黄台、训道刘文和修。万历七年（1579）知县黄自新修。万历十年（1582）署县通判薛谏重修，万历十二年（1584）署县同知陶之肖修。两年后知县姚一理修建敬一亭，设神库、神厨、祭器、书籍，还设置育才进德斋，但三年后又被水冲垮。万历二十二年（1594）知县陆世勤修，他改建敬一亭，教官宅，增添祭器、书籍。万历三十六年（1608）知县韩洵修。万历四十二年（1614）知县李维乔修，四十七年（1619）杨列修。崇祯十年（1637）文庙因兵事而毁。

清顺治十年（1653）知县吴兴祚修。康熙四年（1665）知县台瞻斗等人重建，八年（1669）知府李芳春修。雍正十二年（1734）知府薄履青、知县熊我苏集绅士将文庙改建于明伦堂左，以旧址为明伦堂，正式定下今天的格局。乾隆四十六年（1781），知县胥绳武率绅士林立基等人重修。道光十二年（1832），知县甘恪任率绅士修。咸丰七年（1857）知县哈尔噶尚修。同治十年（1871）邑绅重修。此后光绪到民国时期都曾多次维修。

中华人民共和国成立后，政府十分重视文庙的维修工作，曾多次拨款进行整修。1980年市政府拨款4.5万元，恢复了文庙大成殿，戟门及东西庑。1985年又拨款重修明伦堂。1986年拆掉明伦堂前民国时期的二层建筑，改建一栋与文庙主体风格一致的古建筑。1989年重建棂星门。

如今的萍乡文庙坐西北朝东南，总体布局为长方形。它由棂星门、状元桥及泮池、戟门（大成门）、天井及东西厢房、月台、大成殿、后花园等按中轴线纵向布局组成。

棂星门下，一眼望去，一座传统宫殿式样的建筑巍峨雄踞，气势非凡，端庄沉稳，这就是前殿。前殿东有名宦祠，西有乡贤祠，而正中就是大成门，门上悬一横匾，上书"德侔天地"四个大字，寓意孔子之仁德可与天地相齐。前殿的梁枋之间，沥粉贴金，描龙画凤。跨过大成门，内面是一古朴雅静的庭院，苍翠葱茏，幽竹掩映，玉兰飘香，左右两边是长长的回廊，廊前用石柱环绕，大成殿就在庭院的正中轴线上。大成殿前檐石柱上云龙缠绕，露台石栏望柱上雕刻的千年龟、千年鹤栩栩如生，露台前的石阶上蟠龙盘踞，精美古朴，叫人不禁惊叹古代建筑艺术的高超。大成殿上悬着一块刻有"道冠古今"的横匾，寓意孔子的道义称冠于古今。旁边柱上刻有一副对联，上联是"立儒说施仁爱传德政授弟子万世师表"，下联是"删诗书定礼乐修春秋赞周易千秋圣人"，此联充分总结了孔子的一生和功绩，显示了萍乡人民对孔子的极力尊崇。

大成殿内，正对的是孔子的彩色塑像，面容仁慈，双目有神，让人感受到圣人的睿智，旁边牌位上书"大成至圣先师孔子神位"。孔子像两侧分别供奉孟轲、曾参、颜回、孔伋等四配的牌位，以及冉耕、宰予、冉求、言偃、颛孙师、朱熹、闵损、丹雍、端木赐、仲由、卜高、有若等十二哲的牌位。他们或是一代宗师，或是孔子弟子，都是令人尊崇的先贤圣哲。

第四节 生产文化

一、农耕文化：开耕民俗

农耕文化，是指由农民在长期农业生产中形成的一种风俗文化，以为农业服务和农民自身娱乐为中心，其内容包括语言、戏剧、民歌、风俗及各类祭祀活动等，是中国存在最为广泛的文化类型。

在历代传承发展过程中，萍乡先民将二十四节气知识运用到农业生产劳动中，同时根据气候变化的具体情况，因地制宜地加以变通，积累了不误农时、夺取生产丰收的丰富经验，其中就包括对开耕民俗活动举办时间的调整。

萍乡地区的开耕民俗活动历来在春季展开，早期并无固定时间，多由各地宗族的年长者共同商议以确定"吉日"。从农历二月中旬到三月下旬，逢晴天、逢单数的日子多被人们视为开耕"吉日"。早期的开耕仪式有时会与清明、谷雨重合，导致众多民俗活动叠加在一起，农户往往忙得不可开交。更为重要的是，清明、谷雨前后时常阴雨绵绵，即便"开耕日"当天

乡村丰收节（王永宗摄，萍乡市文广新旅局供图）

天气晴朗，但很快又会迎来一波雨水，不利于新苗扎根。机智的先民在摸索过程中不断调整，逐渐将开耕仪式的时间定在农历三月中旬，介于清明和谷雨之间。清明过后，泥土经过雨水浸润，松软易于耕犁，新苗经过一段晴日扎下根来，又可赶上谷雨时节的雨水，从而减轻浇灌的负担。

在萍乡各地的开耕仪式中，人们通过祭祀向大自然和先祖许愿，祈求当年能够风调雨顺、五谷丰登，其间不乏各式喜庆的歌舞表演。声声春锣闻时而响，报告春日已至，速速开始耕作；茶灯闹春，载歌载舞，庆贺开耕……各式各样的歌舞表演融于开耕仪式之中，使其内容越发丰富多彩，但祭祀、舞灯、开犁等仍然是最为核心的环节。

位于武功山脚下的东江古村，保留着较为原始的开耕习俗。每年农历三月十五日左右，全村百姓会穿戴整齐，来到村中祠堂参加隆重的开耕仪式。这一天，由村中两位德高望重的耕农作为表演者，分别提着"国泰民安"和"风调雨顺"两盏花灯，身后跟着手举龙灯的少年郎，浩浩荡荡进入祠堂迎接"牛灯"。祠堂门口，24 名青壮年分列两排，每人手执一根缠绕着一串爆竹的长杆，化身"二十四节气代表"，摆出"二十四节气阵"。两名表演者迎出"牛灯"后，一人"牵"着牛，一人手持木犁、肩扛锄头，穿越"二十四节气阵"，并朗声唱道："敬祈社神，佑我生民。今日开耕，大好收成。六畜兴旺，五谷丰登。风调雨顺，步步高升……"穿过"二十四节气阵"，两名表演者继续前行，一路前往村口的水田，众人跟随。到达水田后，在表演者的带领下，众人于田边开始举行祭祀仪式。仪式结束后，4头披红挂彩的耕牛下田开犁。开犁也是有讲究的，需要驱赶耕牛犁上一行或数行地，以直线为佳。人们认为，若能犁出直线，当年农事便不会陡生波澜，不会遭受虫害及水旱灾害。表演完毕，爆竹随即燃起，寓示着当年农事在每个节气都能顺心顺意。

如今，当地在原有开耕民俗基础上，加入了插秧比赛、田中拔河、摸鱼捉虾等农耕趣味活动。增加这些活动旨在恢复和创新开耕节庆传统，让更多人建立与乡村、自然的连接，唤醒人们对农耕文化和乡村文化的记忆。

二、花炮文化

爆竹，又名"爆仗""炮仗"，称"鞭炮"是宋以后的事。从《诗经·小雅·庭燎》中，我们可读到这样的诗句："夜未艾，庭燎晰晰。君子至止，鸾声哕哕。"庭燎，是古人将竹子、草或麻秆，捆绑在一起燃放使夜晚耀如白昼，有照明与驱邪的作用。这可能是中国燃放爆竹的雏形，距今已2000多年了。古书《周礼》有岁终驱疫鬼即"驱傩"的活动。汉代，燃放爆竹，也为了驱鬼辟邪，时间在正月初一。汉东方朔的《神异经·西荒经》说，深山中有山臊（后人称山魈），人接触到它，往往染寒热病。它好偷人食盐来吃虾蟹，遇见它"人尝以竹着火中爆烞（形容声音）而出，臊皆惊惮。"南朝梁的宗懔在《荆楚岁时记》也说：正月初一"鸡鸣即起，先

美丽绽放（彭俊昌摄，上栗县文广新旅局供图）

于庭前爆竹，以避山臊恶鬼"。山魈怕爆竹，民间便将山魈演变成一个叫"年"的怪物，年从海里爬上岸来害人，后来它被一个穿红衣的小孩燃放爆竹吓跑了。这样除夕或正月初一燃爆竹驱邪，就渐成一种习俗。

开初的爆竹只是用火烧竹子，使之燃火发声。随着纸的发明与广泛使用，加上炼丹家逐渐发现硝、硫黄与炭是易燃物质。到唐代，爆竹的燃放发展为人们将一支长竹竿点燃，或将一串串竹节挂在长竹竿上燃爆，当时被称作"爆竿"。唐诗人来鹄在《早春》中写道："新历才将半纸开，小庭犹聚爆竿灰"。"药王"孙思邈最早记叙了把硝石、硫黄、含炭物质混合在一起创造火药的"硫黄伏火法"。火药用于爆竹也就逐渐开始，最初是将火药装入竹筒里燃放，后改进为用卷纸裹火药来燃放，爆竹也改名为"爆张"或"爆仗"。到宋代，不仅纸制爆仗兴盛，而且烟花也成为节日必需之物。

相传唐贞观十九年（645），洪水泛滥成灾，瘟疫流行。为此，唐太宗李世民日不思食，夜不安寝，常常梦见一个赤发裸体、青面獠牙的妖怪追捉他。御医、名医久治不愈，于是下皇榜请人除病。

李畋揭下悬挂在江南西道袁州府上栗市栗江河畔的皇榜，见了太宗皇帝后，许诺自己可以除妖消灾。农历四月十八晚上，李畋请太宗皇帝斋戒沐浴，单独寝居，瞒着太宗皇帝将100个装有硝磺的小竹筒放在太宗寝殿四周，待到子夜时分，正当太宗皇帝拳打脚踢做噩梦时，李畋将100个小竹筒的引线点燃，霎时间，寝殿四周，硝烟四起。睡梦中的太宗皇帝被这突如其来的爆竹声惊醒，李畋上前答："迷害皇上的山魈已被我擒获焚烧，圣上龙体即可康复。"太宗皇帝惊喜万分，加上扑面而来的阵阵硝磺味，顿时精神振奋，病情减退。太宗皇帝见李畋创制爆竹除妖避邪有功，即赐封李畋为"爆竹祖师"，并将每年的四月十八即李畋的生日定为发明爆竹的纪念日，同时赏赐李畋白银1000两，令他回家以研制爆竹为业，为民除邪解瘴，

李畋（上栗县文化馆供图）

造福子孙后代。

因为无正史对此有记载,这个故事只止于传说。但在萍乡上栗许多人对此如数家珍确是不争事实,且当地经营、制作鞭炮者,皆奉李畋为师祖,家中均供奉牌位。李畋成名后,世人把他揭皇榜的地方命名为"皇榜潭",就在今萍乡市上栗镇内。上栗人历来对李畋顶礼膜拜,早在明太祖洪武三年(1370),就在始建于东晋永和九年(353)的上栗南街佑圣观中设立了"爆竹祖师李畋之神位",进行祭拜。

据《唐史》记载,李畋系江南西道袁州府上栗麻石人氏。又据《萍乡地名志》记载,麻石街位于栗水下游河畔,为湘赣共辖,其街北归上栗所辖,街南归醴陵富里所管。

由于李畋祖师的传教,到南宋后期,萍乡上栗地区的"竹实硝磺"爆竹生产已开始遍及乡村各地。至元朝中后期,杨岐、流江和桐木镇的枣木等山区乡村,群众开始利用山上的毛竹生产"爆料纸"。据杨岐南源村梁氏族谱记载,"元朝至正年间,梁仲德自山东鱼台举家迁徙南源落户遂家,利用山上毛竹生产'大捆纸'(即生产鞭炮的爆料纸)。在当地爆竹作坊销售"。这就证明,在此之前,爆竹生产已由"竹实硝磺"发展到"纸筒实以硝磺"阶段。进入明朝以后,栗水河的帆船可直通醴陵入湘江,随着水运交通的畅通和生产发展,上栗的鞭炮生产得到快速发展。据《萍乡县志》记载,明朝中期,上栗的鞭炮作坊达200家,年产鞭炮近万箱,鞭炮除内销外,还用船从栗河运往湘江销入长沙和南洋各地。

明末清初,上栗人做鞭炮已遍及千家万户。据《萍乡县志》载,至明朝崇祯年间,上栗的杨岐、流江、桐木枣木等山区,私营纸槽就有80余家,鞭炮作坊多达400家,从业人员5000余人(包括做下手加工的女工、小孩),年产鞭炮在3.5万箱以上。仅上栗南北两街著名的爆庄就有"泰和隆""祥生厚""松茂源""益盛祥""正利乾""元记本""荣茂隆"等数十家。加上桐木、金山、鸡冠山（秋江）等地的一些爆竹作坊及货栈，上栗地区有名的爆庄多达70家。上栗生产的"正鞭""八扣""红绿头"等鞭炮产品已成为南洋市场的抢手货。虽然当时上栗的陆路交通欠发达，但水上运输却方便快捷。仅上栗街上的栗江河段就设有"江西"和"湖南"两个码头，上栗地区生产的大量鞭炮均由栗江帆船源源不断地运往南洋销售。1931年，上栗的鞭炮生产已进入了兴盛时期，大小爆竹庄由原来的数十家发展到上百家，鞭炮作坊由原来的200余家发展到800余家，"松茂源"等几家大爆庄还分别在桐木、慈化、株潭、醴陵和万载等地分别设有子庄70余家，有的还在长沙、广州、烟台、香港、佛山等地设有鞭炮货栈。鞭炮的年购销量达20万箱。随着鞭炮生产的快速发展，鞭炮的原材料生产也得到相应的发展和普及。仅杨岐、斑竹、石枧、桐木的枣木村、流江等地的纸槽就有100多家。炼硝作坊也由原来的3家发展到十六七家。上栗"家家猪屎臭，户户爆竹香"的地区特色得到边界省市人民的一致认同。鞭炮业的兴盛为上栗经济的发展起到了重要的支柱作用，从明清时代起上栗就一直成为萍、浏、醴三县边际贸易的集散中心。因而早在四百多年前，人们就习惯地称上栗为"小南京"。

  1949年中华人民共和国成立后，特别是改革开放以来，上栗的花炮生产脱胎换骨。从20世纪90年代末开始，上栗的鞭炮、烟花便以精湛的制作工艺、精美的品牌包装和过硬的产品质量畅销全国30余个省区市，并出口美、日、泰和欧洲等三四十个国家和地区，为上栗县的经济振兴和国家的出口创汇作出了积极的贡献。从而也使上栗这个久享"小南京"雅号的湘赣边陲古镇成为闻名遐迩的"花炮之乡"。1987年8月，在西班牙举行的第24届国际烟花节上，上栗花炮以其构思奇特、造型独特、音色交织的燃放效果，获得第二名。2008年，上栗传统烟花制作技艺入选为第二批国家级非物质文化遗产名录。

2014年，上栗县花炮行业生产总值突破百亿元（其中出口2.33亿美元），占市场销售份额的25%。其中爆竹产品占全国市场份额的40%，在全国花炮行业中产销总量仅次于湖南浏阳，位居第二。从业人员近10万人，占全县人口总数的五分之一。

据《萍乡县志》记载，从明洪武三年（1370）起，上栗人每年四月十八日即李畋生日这一天，都会到"佑圣观"祭祀李畋，此项祭祀活动延续至今。1999年，上栗县修建李畋公园，公园占地120余亩，一尊高15米的李畋铜像屹立在龙合山上。近年来，上栗致力于挖掘花炮产业的文化底蕴，组建"上栗花炮文化论坛"，建设花炮文化街、花炮广场、花炮展示中心等，全力打造"中国花炮文化节名城"。

三、陶瓷文化

早在商周时期，萍乡境内陶器生产已相当发达，在宣风、银河、桐木、赤山、福田等地的商周遗址中，先后出土上万件陶片。这些陶器的成形方法有轮制和手制。手制的有手塑法、模压法和泥条筑成法。陶质有红陶、黑陶、灰陶、褐陶、白陶、印纹硬陶和原始瓷。饰纹用压、拍、画等技法制作。既有夹砂粗陶，也有夹砂细陶。灰陶残片外表光滑，胎体轻薄，断面均匀细密，无夹杂物。完整的器物器形规矩。在制陶技艺中，已注重有目的地选择原料和配料。

东晋时期，由于瓷土的发现，萍乡境内制陶开始向制瓷过渡。在上栗附近发掘的东晋墓中，出土黄釉的砵、碗、杯、盘等，都具有瓷的特点，是萍乡最早的"原始瓷"。

萍乡生产的日用陶瓷（萍乡市文广新旅局供图）

南宋晚期，萍乡制瓷业形成。南坑窑是一处始烧于南宋、兴盛于元代的瓷窑遗址。在当地有"先有窑下，后有饶州（景德镇）"的传闻。根据萍乡博物馆的考古调查显示，产地集中在南坑镇的东冲、老窑下、凤凰坡。东起坪村小溪经易家岭、垅壁台，至窑下村，沿公路经瓦子坳到炉下，均有古窑瓷片堆积，古瓷窑分布面积约5平方公里。南坑古瓷窑烧制的器皿中，有芒口青白瓷和青釉瓷，有部分青绿釉和黑釉瓷。品种有民间日用瓷、碗、杯、盘、碟、砵等，还有少量的青花瓷，烧制方法为芒口复烧法，青釉瓷采用涩圈迭烧法。

清乾隆、道光年间，南坑、上埠一带开始生产粗瓷，俗称"土瓷"，因系手工生产，坯件厚薄、大小不一，釉料是用凤尾草、谷壳与生石灰混合烧成，釉色黄而光暗。其时，南坑制瓷已渐渐移至上埠，上埠开始成为萍乡地区制瓷中心。

清光绪三十年（1904），有景德镇瓷业工人葛兴顺至上埠谋生，在周福臣开设的碗厂做工，他发现上埠瓷泥优良，提出改进窑炉、试做细瓷建议，得到周的采纳。周福臣联合另一土碗厂主郭煌臣、黎汉贤及商户王清臣，在上埠西口苎麻园开设萍乡首家细瓷厂，从此，景德镇制作细瓷技艺传入萍乡。翌年，喻兆藩、文乃麟、黎翰先、黄师竹、廖凤阶等人集股3万银圆，在萍乡城内花庙前成立萍乡瓷业有限公司，由喻兆藩任总办，郭煌臣任窑务、总监，在上埠设立萍乡瓷厂。同年7月，首次烧制出两窑红花瓷器。随后，又引进安徽省祁门果釉。在生产日用瓷的同时，也生产工艺美术瓷，其精品有萍乡山水美人瓶、富贵根基美人瓶、霁青天球瓶等，特别是由著名陶瓷艺人指导、黄先初制作、刘兆斌彩绘的一个4尺多高的白釉彩绘荷叶大花瓶，工艺独特，彩绘鲜艳，是工艺美术的佳作。清宣统二年（1910），清政府在南京举办南洋劝业赛会，上述作品参赛，受到与会人员一致赞誉。从此，萍乡瓷器名声大振。具有萍乡特色的陶瓷产品输出，也把萍乡地方文化带到了全国各地，促进了萍乡与外地的文化交流。

1939年，萍乡瓷厂年生产工艺美术瓷2万多件。同时，上埠地区陶瓷彩绘店也纷纷出现，工艺美术瓷生产出现繁荣景象。直至20世纪40年代，由于时局动荡，瓷业工人流失，萍乡陶瓷生产一落千丈，工艺美术瓷停止生产。

中华人民共和国成立初期，萍乡的陶瓷生产，主要是电瓷、日用瓷、化工瓷，美术瓷厂家寥寥无几。1979年，青山镇工艺美术厂和腊市镇工艺美术厂先后建成，萍乡开始恢复美术瓷生产，许多产品畅销国内外，萍乡的陶瓷文化走出了国门。

第五节 红色文化

萍乡，是一块红色的热土。她是中国工人革命运动的发源地和湘赣边界秋收起义的策源地及主要爆发地之一。中国共产党创建初期，毛泽东、刘少奇、李立三等老一辈无产阶级革命家领导的安源路矿工人运动，在中国革命史上写下了光辉灿烂的篇章。大革命时期，萍乡的工农运动被誉为"江西之冠"。土地革命战争时期，萍乡曾先后是井冈山革命根据地、赣西南革命根据地、湘赣革命根据地、湘鄂赣革命根据地的重要组成部分。抗日战争时期，中共萍乡组织领导人民开展抗日救亡活动。解放战争时期，中共萍乡地下组织发动群众，开展"抗征兵、抗征粮、抗摊派"与护厂、护矿、护路的斗争和迎接解放。中华人民共和国成立后，萍乡人民在党的领导下在建立和巩固人民政权、建立社会主义制度、全面建设社会主义和改革开放中，取得了辉煌的成就。中国共产党在萍乡的历史是萍乡人民永远的财富，是一笔极其丰富的红色文化遗产。

红色文化作为一种重要资源，包括物质的和非物质文化两个方面。其中，物质资源为遗物、遗址等革命历史遗存与纪念场所。如遗物有：安源工人夜校的《识字课本》和《工人读本》，安源路矿工人消费合作社发行的

安源路矿工人运动纪念馆（萍乡市文广新旅局供图）

股票、购物证,《安源旬刊》,《劳工记》,刘少奇、朱少莲合著的《安源路矿工人俱乐部略史》,中华赤色邮政湘赣省总局局牌,红军标语,中国人民解放军萍乡军管会军管接收工作布告,萍乡人民迎接解放照片,萍乡人民庆祝社会主义改造完成照片和中共组织及其领导下的政权组织的文件、档案资料等。旧址旧居有:1921年秋冬时毛泽东来安源住处,安源工人第一所夜校旧址,罢工前和罢工后的安源路矿工人俱乐部旧址,安源路矿工人消费合作社旧址,决定大罢工的安源党组织会议旧址,总平巷,安源路矿工人大罢工谈判处(公事房),中共安源地委1926年机关旧址,萍乡县女界联合会旧址,萍乡县总会、农民运动讲习所旧址,湘赣边秋收起义军事会议旧址,秋收起义第二团出发地旧址,秋收起义山口岩战斗旧址,秋收起义前委会高滩会议旧址,秋收起义部队宿营旧址——甘家村,秋收起义前委会宾兴馆会议旧址,安源工农兵政府旧址,中共湖南省委旧址,斑竹山起义遗址,萍乡小西路暴动遗址,湘东特委、湘东苏维埃政府旧址,中国工农红军湘赣独立第一师成立地旧址,萍乡县苏维埃成立地旧址,莲花县列宁学校旧址,中共湘赣省委、省苏维埃第一次代表大会旧址,莲花县红色独立团旧址,中共莲花县委第一次代表大会、莲花县工农兵代表大会会址,上沿江战斗旧址,红四军独立营与莲花县赤卫大队会师地址,红军医院、修械所旧址,路口大捷旧址,棋盘山会议旧址,陇上改编旧址,杨岐山暴动遗址,杨斌圣工作室,龚全珍工作室等。纪念场所有:萍乡革命烈士陵园、秋收起义纪念碑、卢德铭烈士纪念碑、莲花革命烈士纪念塔、上栗革命烈士纪念碑、东桥革命烈士纪念碑、安源路矿工人运动纪念馆、莲花一支枪纪念馆、卢德铭纪念馆、秋收起义纪念馆、党史党建馆等。非物质文化有:安源工人歌谣歌曲、苏维埃时期民谣歌曲等。

第六节 佛道文化

相传三国吴时葛玄、晋时葛洪先后在武功山修道成仙，故山上迄今犹存葛仙庵、紫极宫、炼丹池、藏书洞等遗迹。五代时，释门弟子又纷至沓来，使这座名山佛道并存，两教关系错综，道观佛寺往往交互易主。据明代张程纂修、张光勋增修的《武功山志》卷二《宇志》载："（武功）山自吴大帝赤乌元年葛玄葛洪先后入山炼丹成真，国朝洪武八年史谷赡开创图坪大阐禅教，帮葛仙、图坪、集云、箕峰诸庵香火相望，湖西诸郡争仰止祝福不绝，其他道院丛林星列棋布……桥亭楼观……统于兹山……"可见当时武功宗教之盛，据史料不完全统计，明代武功各类寺观庵堂、殿楼亭共101处，其中寺15、观7、庵18、堂11、殿2、楼7、亭6、峰1（白鹤峰）、宫4、院2、林1（胜佛禅林）、台2、桥11、塔3、庙2、庐1、池1（炼丹池）、阁6、祠1。除武功山外，域内瑶金山寺、横龙寺、三侯庙等均为著名道教胜地。

萍乡道教分全真、正一两派。全真派尊王重阳、丘处机为教祖，须出家修行，信奉三清、玉皇、灵官、观音等神。正一派以张道陵为祖师，不出家，可娶妻，茹荤酒。解放前夕萍乡境内有正一派道士近百人，他们散布城乡各地，以做道场为谋生手段，如：打太平清醮，超度亡灵做"阳醮"，为家宅"聊邪""奠土"，为病者"收魂""藏海罐""收惊"等。

与武功山南北对峙的杨岐山，是佛教杨岐宗的开创祖庭。据史料记载，佛教是在西晋永嘉年间（307—312）开始传入萍乡的，但鼎盛时期则在唐宋。唐天宝十二载（753），佛教弟子乘广来到萍乡杨岐山，初则"结庐以居"，渐布教义，收徒众，开山创建广利寺。20年后，马祖弟子甄叔来参乘广为师，驻杨岐40年，合办弘扬佛法，门风鼎盛。至宋代，方会禅师住持杨岐弘法，改广利寺名为普通寺，创立杨岐宗，既继承禅宗宗风，更"随方就园"接引学人，使之便于接受，便于修持；又力行"农禅制度"从生产中谋求自给自足，摆脱对社会的经济依附，于是杨岐宗大兴于大江南北，世代繁衍，高僧辈出，出现了禅宗"五家七宗"的局面，且远传日本等地。萍乡佛寺除杨岐寺外，著名的尚有城南的宝积寺、金轮寺，城郊的泰和寺，莲花的楼觉寺、西坑庵，高坑的浒泉寺，湘东的宝善寺等。

一、杨岐禅宗

禅宗是中国佛教宗派之一。相传中国禅宗为菩提达摩祖师所创，主张顿悟法要"见性成佛"，自初祖达摩祖师起，皆指人心，不拘修行。又因以参究的方法，彻见心性的本源为主旨，亦称"佛心宗"。传说创始人为菩提达摩，下传慧可、僧璨、道信，至五祖弘忍下分为南宗惠能，北宗神秀，时称"南能北秀"。北宗神秀是以"坐禅观定法"为依归，渐进禅法，渐修菩提。所以称之为"渐悟"。南宗惠能大师是以"即心即佛""直指人心，见性成佛"为依归。不拘泥"坐禅"观定"与否即成佛道"，所以称之为"顿悟"，在中唐以后渐兴，成为禅宗主流。南宗的禅法到六祖慧能之后，分别衍生出了"五家七宗"，即临济宗、曹洞宗、沩仰宗、云门宗、法眼宗等五家，加上由临济宗分出的黄龙派和杨岐派，合称为七宗，出现了禅宗各派并弘的繁盛局面，禅宗的发展进入了兴盛期。由于乘广、甄叔的影响，使杨岐山形成了浓厚的佛教文化积淀，为300年后的方会和尚开创杨岐宗

杨岐普通寺（萍乡市文广新旅局供图）

奠定了坚实的文化基础。

  从临济宗分出的杨岐宗，由于此派的创始人杨岐方会禅师（992—1046）在江西萍乡杨岐山举扬一家宗风，后世又称其为杨岐派。杨岐山原名"翁陵山"，又名"麓山"或"渌山"，因渌水发源于此而得名。什么时候叫杨岐山已不可考，得名还有"杨子逢岐"一说，清顾祖禹《读史方舆》卷八十七"江西五"中载："杨岐山县北七十里。相传杨朱泣路岐之所。或作炀岐山，云隋炀帝曾陟此。"因而又有"炀岐山"名。其实杨岐早在唐开元年间（713—741）便有佛寺，由广利禅师建塔始。广利禅师姓籍无考。稍后的天宝年间（742—756），乘广从洛阳南下杨岐结庐弘法，正式创立广利寺。不久甄叔禅师继入，使杨岐佛教事业达到第一次鼎盛，那时杨岐山寺宇栉比，梵宫耸峙，盛极一时。"独步杨岐山顶上，建出花宫胜仙阙，文台壮势射虚空。"直到宋代，杨岐山仍然是"傍古千间屋，腾空百丈楼"。如今杨岐寺的两侧有唐碑两块，皆为原塔铭，塔被毁后移至寺内，嵌在两侧。左侧为乘广禅师塔铭，铭为唐代诗人刘禹锡手书。寺后有一株唐柏倒栽柏，传为乘广手植，至今枝繁叶茂，郁郁葱葱，与千年古寺相映衬。

宋时，方会禅师来杨岐山创杨岐宗，与黄龙慧南的黄龙宗同为临济宗的两个支派，同时并立。但黄龙一派仅传数代，到宋朝末年即绝传，因而临济宗只剩下杨岐宗。方会（992—1049）本姓冷，袁州宜春（今袁州区）人，禅宗高僧。20岁至筠州九峰山削发为僧，后去潭州参石霜楚，辅佐院务，得法后辞归九峰，仁宗庆历中往袁州杨岐山传法，名闻四方，因开创杨岐宗派，世称杨岐禅师。言行辑有《杨崎方会和尚语录》《杨崎方会和尚后录》各一卷。方会住杨岐山，举扬临济、云门两家宗风，接化学人，门庭繁茂，蔚成一派，人称其宗风如虎。

方会禅师创立的杨岐宗，其基本思想秉承临济宗的"立处即真"的自悟，不拘泥于文字语言，强调禅的直观修炼。在接引参学新人上采取灵活自然的诱导方式。有人问方会："雪路漫漫，如何化导？"禅师答道："雾锁千山秀，迤逦向行人。"还有人问："师唱谁家曲，宗风嗣阿谁？"方会回答说："有马骑马，无马步行。"说明自己的禅法并无成规可拘，就是说不必墨守成规，可视具体情况灵活运用。杨岐禅宗思想无不体现因时、因地、因人而异，劝学诱导决不"一刀切"；对人对己，平实柔和，没有半点"盛气凌人"；对事对人实事求是，虚怀坦荡。

方会门下有13人，以白云守端、保宁仁勇为上足。白云守端下有五祖法演，住黄梅五祖寺，名振全国，人称五祖再世。其门下俊秀辈出，如人称"三佛"的佛眼清远、佛果（圆悟）克勤、佛鉴（太平）慧懃，又有五祖表白及天目齐、云顶才良等。

清远三传至蒙庵元聪，有日本僧人俊芿来其门下受学，回国后，开日本杨岐禅之首端。日本禅宗二十四流中，有二十流源自杨岐法系。佛果克勤编有《碧岩录》闻名于世，法嗣七十五人，门下以大慧宗杲、虎丘绍隆最为著名。佛果克勤的门下，有黄梅籍僧人应庵昙华禅师，大振杨岐宗风于苏浙，是临济正脉宗统第十七代宗师。宋以后，恢复临济宗之旧称，几乎囊括临济宗之全部道场，成为中国禅宗的代表。

二、武功山金顶古祭坛

武功山金顶连绵的高山草甸上，巍然屹立着四座朝向各异、建筑风格独特、神秘而古老的石垒祭坛。它由葛仙古坛、汪仙坛、冲应坛、求嗣坛四座古祭坛组成，其中最久远的葛仙坛建于三国东吴初年，距今已有1700多年的历史。古祭坛是湘赣地区古代民间祭祀天地的场所，是武功山最富有特色的人文绝景之一，被国内专家誉为研究江南民间古祭祀文化的"活

金顶古祭坛（萍乡市文广新旅局供图）

葛仙坛（萍乡市文广新旅局供图）

化石"，被称为"华夏一绝"。

　　葛仙坛，又称葛仙庵，顶庵，位于金顶峰顶。相传葛玄冲举后，郡人在此立像祀之。南宋文天祥之父至坛求嗣，后生文天祥，为报山灵，易顶庵茅草为铜瓦。文天祥出仕后，亲书"葛仙坛"匾，悬于坛上。因年久失修，铜瓦遂失。明末清初迁现址，砌石为墙，铁瓦覆盖，供张道陵、葛玄、许逊等道祖。现建筑为1985年群众集资修复。坛前有炼丹池，相传为葛玄炼丹取水处，池水甘冽，可以疗疾。

　　汪仙坛，距金顶约100米，传说吉州刺史汪可因体恤民情而遭贬，脱俗出家，死后黎民在此立坛塑像祭祀而得名，解放初被毁，1986年群众集资修复。

　　冲应古坛，相传它是建于金顶的第一个古祭坛，保持延陵风范（延陵为江苏丹阳古称，乃葛玄、葛洪故乡），至民国时期仍有满堂神像，现仅存遗址，周边还存有拜祭先贤的衣冠冢。

求嗣坛，亦称龙坛，位于葛仙坛侧坡下，为一花岗片麻岩石砌成的古坛，内供龙王像，神台前有一泉井，上方下圆，终年不涸，味甘清心，其旁8米处尚有一半月形泉井，湘赣两省到此求嗣者颇多，因而得名。

第七节 古建文化

一、祠堂

祠堂文化是中华民族文化的一个组成部分，具有悠久的历史。远在几千年前的夏商周便开始萌芽，到宋代形成较完备的体系，明清时发展到高峰。21世纪后又被赋予新的内容。

"祠堂"这个名称，据历史记载，最早出现于汉代，当时祠堂建于墓所，曰墓祠。南宋朱熹《家礼》立祠堂之制，称家庙为祠堂。从此称家庙为祠堂。按礼记规定，只有帝王、诸侯、大夫才能自设宗庙祭祖，民间不得立祠。至明代嘉靖年间（1522—1566）世宗朱厚熜"许民间皆得联宗立庙"，于是，宗祠遍天下，许多宗祠亦建于此时，以期达到敬宗收族之目的。祠堂多建于家族的聚居地附近。最早由于家族尚不多，便先建祠于宅中，随着族丁的繁衍兴旺，便开始专门建造宗祠或支祠。一般每个村庄都有，以姓氏为基本建造祠堂，也有的一个自然村布置一个祠堂，称呼也为"某家祠堂""某家宗祠"。建造一般以民间集资，当地富豪资助。在宗法血缘关系浓厚的中国传统社会里，宗祠恰如一个宗族的圣殿，是祖先的象征。它是供奉祖宗牌位的地方，是全族祭祀祖先的场所，还是全族集会以商解决族中纠纷的场所，以及族长向族众宣传传统伦理道德与族规家法的场所。革命战争年代，很多地方祠堂成为革命力量活动基地、战争指挥中心。中华人民共和国成立之初，许多祠堂成为乡村政权办公地和办学中心。随着经济社会的发展，办公、办学条件的改善，政权机关和学校陆续迁出，有些祠堂无人管理，久而久之，自然废弃。进入21世纪后，有的祠堂得到修缮恢复，有的重建，其功能被赋予了新的内容，大部分祠堂成为村的文化中心。

祠堂大多建筑宏丽、工艺精美，集建筑、雕刻、绘画、书法、文学于一体，具有深厚的历史文化积淀，千百年来为民众所重视。可以说，祠堂文化是博大精深的中华民俗文化的典型代表。

祠堂一般采用轴线对称的布局。明《鲁班经》卷一记载："凡造祠宇为之家庙，前三门（山门），次东西走马廊，又次之大所，此之后明楼，茶亭，亭之后即寝堂。"有一进、两进、三进、四进建筑，有些祠堂还在后部设置庭园。不少祠堂中附设有戏台，如芦溪县源南乡刘氏祠堂，就有一大戏台，彰显了祠堂的公共建筑性质。享堂是祠堂的正厅，又称祭堂，是举行祭祀仪式或宗族议事之所，因此一般在建筑群中是规模最大、用材最考究、装饰最华丽的建筑；寝堂为安放祖先神位或纪念对象之所，在建筑的后部均设有神龛。

萍乡现存的祠堂，大多保留明代以来的建筑风格，结构精巧端庄，古朴凝重，虽风格有所不同，但都有浓郁的地方特色。即使重修或重建过的祠堂，其结构、色彩乃至雕饰，也基本保持明代以来的基本特征。所不同的是重修或重建过的祠堂，多以石料或者钢筋水泥为主，间以木质结构。

全市保存祠堂最多的是莲花县，现存明、清祠堂 165 所。据《湘东区志》载，湘东区现存明、清祠堂 7 所。芦溪、上栗、安源也有少量保存。最具代表性的是芦溪县源南刘氏祠堂和莲花县湖塘祠堂群。

源南刘氏宗祠依一小山坡而建。现存老宅四栋，中间正堂的右边前附建有一古戏台，后则为一福主祠。老宅均为砖瓦木结构。总体坐北朝南，占地面积 2800 余平方米。

刘氏宗祠飞檐画栋，历经数百年风雨依然不失当年的堂皇风采。房子的前飞檐屋垛上都塑有凤的造型，大多呈展翅飞翔之态。檐下则为胶泥所塑人物、狮形等，颜色涂成彰显贵气的灰紫色。后飞檐上则多塑罗汉笑菩萨，笑态可掬，神态逼真。

宗祠正堂的门上方，是"刘氏宗祠"四个字体饱满的大字。大字的下边框，有两个看起来已经锈蚀的铁钉。原来，这里在"文革"前一直悬挂着一块"探花及第"绣金牌匾。

当年，刘凤诰被皇帝钦点探花郎后，回到源溪宗祠，把乾隆皇帝御赐的"探花及第"绣金牌匾悬挂在了宗祠门口的"刘氏宗祠"几个大字中间。现存的铁钉正是当年用来嵌匾的。祠堂屋前均是石柱、石门框。门楣上都有镌刻精美的图案，如有代表"福、禄、寿"形象的人物，有官宦人家出行场景等图案。石柱、石门框上都有石刻楹联。正堂门联曰"宫保酬庸吏户礼兵卿贰；鼎魁通籍楚齐吴越文衡"，意指刘凤诰曾主持湖北、山东、江南试，视广西、山东、浙江学。左前栋石柱联是"派衍南溪聚族安居由宋以来七百岁；里兮康乐保孙滋大荣封所被九重恩"，此谓刘氏祖宗之渊源，同时道出一种对皇恩的感激。

祠堂里橡木高梁。正堂里屋的木柱梁环抱 1 米有余。方砖地板，有天井排水。可惜正堂屋顶已没，仅剩墙壁。后堂地面杂草青绿盎然。其他几栋在

莲花湖塘古民居群
(萍乡市文广新旅局供图)

结构上保存尚好。上有雕花木楼、木栏杆，里面门窗也多雕花绣朵。

湖塘古祠群现存11栋，占地面积2854平方米。最大的渭川古祠占地面积达685平方米，四进，屋柱81根，柱梁纵横交错，组合有序，砖雕木雕互相映衬，独特经典。厅内三个天井成"品"字形，意喻教育后人要做有品行的人。在古祠的大门楼、石柱、石门坊、石柱联、屋檐下、天井边分别刻有不同图案的石雕、砖雕。在古民居和古祠堂内的梁柱、窗栏板、莲花门、板壁、三花板、额枋、斗拱、雀替、斜撑、挂络等刻有不同花样的木雕。渭川古祠内设有村史展览室。怡善古祠大门回廊矗立着一对精美的八方青石屋柱，两侧门满墙系青石板制作。堂内雕龙刻凤，全面釉漆，五颜六色。大厅天花板上有大型浮雕——竞相争妍的牡丹。其建材稀见，工艺精美，是该村古民居群中又一颗灿烂的明珠。

二、古戏台

古时，戏台一般设在祠、庙、殿中，民间艺术演出活动多在祠、庙、殿中进行，这些戏台均无固定座位。此外，还有临时搭台演出，有的搭在晒场或收割后的田地里；有的用几十张方桌拼在一起由绳子固定作戏台。据《萍乡戏曲志》编纂办公室《资料汇编》记载，全市在册的古戏台有117处。建造时间自元朝始，经明、清至民国，其中大多数建于清朝，到1932年，萍乡城内有戏台10处，芦溪镇有10处，宣风镇11处，湘东镇9处，上栗镇7处，南坑镇8处，白竺乡1处，东桥镇2处，莲花县13处。这些戏台都不是独立存在，而是和祠、庙、殿并存，演出活动大都是与祭礼活动同时进行。

萍乡较有名气的古戏台，除变化坐落在城内的几处外，乡村中最著名的莫过于源南乡源陂福神祠古戏台。它建于清乾隆五十年（1785），砖木结构，砖上刻有"源陂列黄公祠"字样，4根一丈二尺高的四方石柱为戏台支柱，前石柱刻有"作戏喜逢场，家传乐事升平世；酬恩宏发愿，人识丰年笑语声"，后石柱刻有"祈祷本先民，息蜡敛幽宜雅乐；和平依古调，清歌

芦溪县南源刘氏宗祠古戏台（萍乡市文广新旅局供图）

妙答神麻"的对联。戏台化妆室后台墙上，留有清道光二十六年（1846）二月四日"义班开台大吉"字样。100多年来，在此演出的有高林班、贵和班、洪泰班、洪春班、同盛班、鸿庆班、清华班、凤鸣班、春庆班、同乐班等30多个戏剧班社。

萍乡旧时戏台楹联较为丰富。城内城隍庙戏台联："出东门，搬西游，南腔北调；打春雷，落夏雨，秋收冬藏。"泉江蔡公庙戏台联："响彻泉江，一弹秋水一弹月；歌传梓里，半入清风半入云。"白竺万寿宫戏台联："凤管高歌，云留定殿；霓裳妙舞，彩映月宫。"荷尧金鱼石戏台联："为国为家为天下；称王称霸称英雄。"丹江造觉庙戏台联："生旦净丑末，少一项是问包子；粮油酱菜茶，这几天出在丹江。"清代邑人刘凤诰作王子埠牛皇宫戏台联："寓褒贬，别善恶，千秋事业亦若是；知兴衰，载治乱，万古纲常全在兹。"刘凤诰作石观前神庙戏台联："铁锤是铁，铁砧也是铁，铁锤打铁砧，还是铁打铁；做戏是人，看戏亦是人，台下看台上，又是人看人。"刘凤诰作石观前帝钟岩神庙戏台联："聚首观前人，善恶攸分报不爽；留心听古调，金石相应韵自清。"清代邑人彭炯作县城凤凰池戏台联："池边听曲鱼游泳，台上吹箫凤有无。"彭炯作腊树下万寿宫戏台联："何须为古担忧，听檀板调敲残，依然风清月朗；正好及时行乐，看霓裳舞罢，惟见水远山长。"彭炯对腊树下万寿宫戏台又作："转眼便收场，任苦乐殊形，只博得一歌一哭，流传菊部；到头俱是戏，看描摹尽态，须留此好模样好，付与梨园。"钟爱菊作樟树下龙王庙戏台联："带水一湾，合启楼台添雅趣；连村比户，好凭歌舞答神麻。"周达之作温盘牛皇宫戏台联："宇宙小梨园，安排因果轮回事；古今大豪杰，均是悲歌慷慨人。"肖师兆、吴小因作县城东门万寿宫戏台联："结个万人缘，东门娇女如云集；不费一钱买，北部笙歌镇日吹。"

三、古塔

塔，原本属于佛教建筑，所谓"救人一命胜造七级浮屠"，"浮屠"是"佛"的梵文译语，在此借喻为塔，它是佛的表征，是伴随佛教的传入而被"中国化"了的佛教建筑。塔的开始，是作为尊存佛的遗物和供人敬佛结缘而存在的，后来这样的意义逐渐淡化，它便有了极其丰富的内涵而进入世俗文化行列，或供登高临远，或作船行航标，有的谓作"镇妖驱邪"，也有的纯属点缀山水风景。因此，凡历史悠久的文化名城都有古塔，古塔是一个地方历史文化久远的象征。

萍乡散落在各地的古塔，犹如一颗颗璀璨的明珠，以其独特的造型和内涵在故里熠熠生辉。走近每一座古塔，仿佛走进了历史的时间隧道，可以追寻一段悠久的历史。塔何时传入萍乡无考，至今保存最早的是建于唐代的杨岐普通寺的唐塔。除唐塔外，还有如愿塔、兴文塔、拱辰塔、仰山文塔、太义古塔、文笔塔等，都是富有特色的古塔，凝聚了萍乡古代人民的智慧。

（一）杨岐普通寺的唐塔

杨岐普通寺的唐塔有两座，一为乘广禅师塔，又一为甄叔禅师塔。

1. 乘广禅师塔

唐元和二年（807）建，坐落在上栗镇杨岐行政村。乘广禅师为唐代高僧，容州（今广西容县）人，姓张，13岁出家，初至衡阳，依天主想公，30岁，至洛阳从菏泽会公受法。后来到萍乡杨岐山传教，始创"广利禅寺"。唐贞元十四年（798），乘广禅师圆寂后，由甄叔禅师住持，在广利寺之右侧修建舍利石塔，保存至今。该塔仿古代木构建筑风格。塔高2.73米，塔基两层，四面有浮雕佛像、力士、怪兽等，塔檐厚实，出檐深远。塔前

乘广禅师塔

有唐元和二年间著名文学家刘禹锡为乘广禅师撰写的碑文。清乾隆年间对左塔进行修复。清道光六年（1826）此碑被山洪冲倒，搬入寺中，于次年并碑座一起嵌入寺正面坐向右侧处墙内。该碑高2.8米，宽6.9米，碑文25行，每行54字。碑额圆首，镌刻螭龙图案，中间两行篆字"乘广禅师碑铭"，碑下是龟跌座，龟座与碑均系花岗石雕刻而成，碑石系青遂石，与塔同时被列为全国重点文物保护单位。

2. 甄叔禅师塔

甄叔禅师为唐代佛教一代宗师。他在杨岐山传教40余年，是杨岐"广利禅寺"的第二位住持。

甄叔禅师舍利塔又称之为"油盐塔"（幽闲塔），唐大和元年（827）建塔立碑，坐落在上栗镇杨岐村。塔残高1.78米，宽0.88米，形似方亭。塔左原有唐大和六年（832）僧至闲撰、元幽书《大唐袁州萍乡杨岐山故甄叔禅师塔铭并序》，由琅？王周古篆额。后因年久失修倒在田中，清道光十七年（1837）冬迁入寺中，后嵌于寺正面坐向左侧墙内。为全省重点文物保护单位。

（二）如愿塔

坐落于萍乡市区小西门外龙山岭之上，俗称宝塔岭。据《萍乡县志》记载，该塔建于唐代，清道光年间（1821—1850）重建。是作为"镇魔之塔"建造的。传说，古代萍水河的小西门河段，常有一条巨大的恶龙出现，在此兴风作浪，使河水暴涨，漫过河堤，淹农田、毁房屋，造成水患，殃及百姓。为了镇压这条为害百姓的恶龙，让百姓过上风调雨顺的太平日子，人们集资合力建起了这座镇压凶龙的宝塔，并取名为"如愿塔"，希望此塔能实现"风调雨顺、安康富裕"之愿。

斗转星移，到了宋代，发生了一件与如愿塔有关的传奇之事：据史载，

如愿塔（萍乡市文广新旅局供图）

宋庆元六年（1046）七月初九日半夜当地村民发现在如愿塔旁忽现"五彩金龙"，于是报告县令，县令即报告袁州知府李沈，李知府将此"吉祥异兆"再禀奏皇上，并写下了七言古风《问龙章》以志其事。

　　七月初九夜二鼓，青天初月明辉扬。
　　邑境西南如愿塔，忽然有物栖其旁。
　　初见鳞鳞光焕灿，徐视头角高轩昂。
　　正得金色全体现，乌云少气俱腾骧。
　　樵童野叟未尝识，相呼惊骇走且僵。
　　……

"龙"的再现，让如愿塔增添了一层更为神奇的色彩，乡民们也因此对塔多了几分敬仰。

如愿塔，为七级八面，高28米，底部直径8.8米。塔内嵌有石碑，碑文记载建塔经过。碑以浮雕石龙框边，上有浮雕丹凤朝阳。塔底层为花岗岩砌成，以上为青砖砌筑，每层以青石条叠伸成檐，各棱为石制马首形挑檐，每层设有4个窗孔。

（三）兴文塔

坐落在芦溪县宣风镇茶垣村内袁河岸边，东邻庙下村，西边为大片农田，南边有一座青山，山下为茶垣村，北边紧临袁河。塔高35米，七层八棱。塔的底层由约3米厚、5米长的麻石砌成，这种麻石厚且长，但不宽，却坚固厚实，均为巨石。上面各层采用白泥砖块砌成。每一层的上边，都是雕凿的石块拼成八角形的塔檐，每只角上砌有往上挑的鹤冠石垛。各层有夯顶窗孔四个，顶为葫芦形。塔身建造得非常整齐美观，砖块之间和石

兴文塔

块之间用桐油、糯米和石灰调制成膏泥而相贴，使塔体连接非常牢固。塔的正门朝西向，门上方是半圆形，门楣上刻有"兴文塔"三个大字。

据清同治年间《萍乡县志》记载，"兴文塔，在延宣乡龙山寺右，距城35里，为东河锁匙，塔后有笔峰别墅，道光二十九年（1849）邑绅敖星煌倡建"。敖星煌为宣风当地人，清道光十六年（1836）考中进士，担任过河间府同知。在他的热心倡导下，乡亲们齐心合力建造兴文塔，从此袁河水倒映出美丽的塔影。敖星煌满腹学问，文采斐然，将塔命名为"兴文"，显然含有振兴文气、兴旺文气之意。塔立于袁河岸边，可能还蕴含锁水、不遭洪灾之内涵。如今，兴文塔依然屹立，为萍乡市重点文物保护单位。

（四）拱辰塔

位于赤山镇大宝山上，现赤山镇政府大院内。据《萍乡县志》记载,"拱辰塔在遵化乡赤山市,同治九年(1870)里人公建"。塔名取自《论语·为政第二》:"子曰'为政以德,譬如北辰,居其所而众拱之。"

该塔九层八面,底层为花岗岩所垒成,二层以上采用白砖平砌到顶层,之间以长条形石相隔,石条叠伸成檐,每层开辟拱形站窗4个。塔高28米,底层直径6.4米,底围21.28米。古塔保存完好,为萍乡市重点文物保护单位。

拱辰塔曾多次遭到雷击,其顶部受损,失却尖形而成平面形状。抗日战争时期,因遭日寇枪击,塔身弹痕累累,但却稳如磐石屹立山头,傲视天下。

拱辰塔

古塔八面来风,每层四窗透亮,历经沧桑的拱辰塔,成为赤山镇的历史见证、文化遗存。

(五)仰山文塔

坐落在莲花县路口镇湖塘村村头,是萍乡市境内现存古塔保留时间最久的一座。

据当地人介绍,湖塘村刘姓居多,源于永新县仰山,系南宋宰相刘沆、明代宰相刘定之的后裔。刘氏族人迁徙路口镇后，为使家族繁衍，脉脉相传，据风水先生指点村头宜于文峰，以塔代之，遂于明万历十三年（1585）始建仰山文塔。塔名含义有三：一是不忘根本，牢记仰山源头；二是延续仰山文脉，发扬光大；三是承继仰山薪火，耕读传家。

现存之塔系清康熙四十四年（1705）重建，塔高22.4米，底层周长16.8米，底部厚1.14米，为七层八面，砖木结构，油灰砌制的官檐亭式。底层有门朝西南向，上嵌石牌镌刻"仰山文塔"四字。二层同向嵌有文塔赞词之碑刻。顶覆一合金圆锥形盖，保存完好。塔内设置木梯达于顶层，凭窗纵目，景色尽收，但木梯年久失修已毁坏。仰山文塔重建后，邻县安福的清代知县梁学源作有《仰山文塔记》，文章结尾写道："惟山与水，既秀且清。有塔耸然，高插苍冥。风团脉聚，人杰地灵。隐居行义，道本吾撑。拭目贤达，高出凌云。"

仰山文塔

大义古塔

（六）大义古塔

湘东区荷大义村有两座古塔，一座是惜字塔，一座是翰林塔。

1. 惜字塔

建于清同治九年（1870），为六面三层麻石砌成。每层交叉对称开小窗，塔高3.5米，宽约1.2米，葫芦顶，底座为梯形，水泥抹面。塔的六面雕刻有荷花、如意、毛笔、包拯、狄青等精美浮雕图案。第一层塔面写有"炉火纯青销垒块，纸灰飞白点江波"，另一面写有"喜无墨迹点尘土，犹有文光射斗牛"等字样。

据史料记载，宋时，王沂公之父爱惜字纸，见地上有遗弃的，就拾起焚烧，便是落在粪秽中的，他也设法取将起来，用水洗净，或投之长流水中，或候烘晒干了，用火焚过。如此行之多年，收拾净了万万千千的字纸。一日，妻有娠将产，忽梦孔圣人来吩咐道："汝家爱惜字纸，阴功甚大。我已奏过上帝，遣弟子曾参来生汝家，使汝家富贵非常。"梦后果生一儿，因感梦中之语，就取名为王曾。王曾后来连中三元，官封沂国公。

受科举制度影响，古人认为文字是神圣和崇高的，写在纸上的文字，不能随意亵渎。即使是废字纸，也必须诚心敬意地烧掉。《二刻拍案》卷一开篇诗曰"世间字纸藏经同，见者须当付火中。或置长流清净处，自然福禄永无穷"。惜字塔依史料所载始建于宋代，到元明清时已经相当普及。惜字塔通常建造于场镇街口、书院寺庙之内、道路桥梁旁边。

2. 翰林塔

又名保安塔，塔7层，高约15米，建于清同治九年（1870）。

据传清代翰林肖若锋衣锦还乡，经过数日奔波，来到了袁州。这时，日已落山，肖若锋便吩咐随从在袁州住下来。旧日情人与之叙旧，讲起头天晚上梦见一蟒蛇扑入怀中。他闻听此言，断定肖家日后必有贵子，贵种岂能落入外人腹中？于是，立即穿上衣服，吩咐下人动身，日夜兼程赶往家中。

不久后，肖若锋得一子，取名肖立炎。肖立炎自幼聪明过人，能过目不忘。肖若锋想想当年在袁州的旧事，望子成龙的他为保护当地的"风水"，激励儿子奋发读书，争得功名，便在田垄中建了一座塔，后人称之为翰林塔。肖立炎不负父亲的厚望，年纪轻轻便中了进士，后被选入翰林院做了翰林。父子同为进士，又都做了翰林，一时被传为美谈。

（七）文笔塔

文笔塔在上栗县长平乡福寿村狮形山头上，为清代所建的七级八面塔，

文笔塔（上栗县文广新旅局供图）

为青麻石砌成。据传说原有狮子下山来吃禾苗。老百姓就请风水先生选址造了这座塔压在狮头上，镇住狮子，此后就没有再发生吃禾之事了。

四、古桥

萍乡古桥，多为石桥，人们耳熟能详的有萍实桥、亨泰桥、通济桥、善州桥、流江桥、栗江桥、秀莲桥等。在明代李贤等撰的《明一统志》，卷五十七载："萍实桥，在萍乡县治西，杨吴时建，以楚昭王渡江得萍实为名，本朝洪武初重建。宗濂桥，在萍乡县东五十里，宋周濂溪建，后人慕之，因名。妙济桥，在萍乡县东五十里，宋建。"

清《江西省通志》卷三十四载："萍实桥，萍乡县西南，以楚昭王得萍实名。通济桥，邑治北三百步，古为舟渡，宋知县郭涛始甃石。龙安桥，邑西，唐贞观间，邑人简易等建。望山桥，邑西崇贤里。龙桥，邑西崇贤里，旧传傍有龙麟树。惠陂桥，邑东仙桂里。交树桥，邑东清教里。石桥，一在邑北门三十余步，一在邑北冷水庙街。龙潭桥，邑仙桂里。宗濂桥，邑东五十里，芦溪镇宋周元公监税于此故名。馆埠桥，邑东门右名埠渡必东。纱济二桥，邑卢溪镇。大虹桥，邑宣风镇。庆丰桥，一名土桥，在邑东，明万历间义民甘巨珣改建石桥。万秀桥，邑北萍实里。香溪桥，萍实桥西。草市桥，邑西唐昌里。普济桥，邑北上栗市。桐邮桥，邑东。彪家桥，邑北彪家村。芎溪桥，邑西古义安渡。乌龙桥，邑南长丰里。"

据《昭萍志略》载，萍乡的古桥有亨泰桥、萍实桥（现南门桥）、香溪桥、通济桥、迎恩桥、流江桥、万缘桥、惠陂桥、龙潭桥、韩婆桥、福胜桥、宏远桥、温江桥、古宗濂桥、宗濂桥、必东桥、庆丰桥、大虹桥、桐村桥、惠人桥、康灵桥、永年桥、联珠桥、四盛桥、万福桥、杠成古桥、古相公石桥、古石桥、马陂陂石桥、东桥、仁寿桥、中孚桥、永安桥、福星桥、永镇桥、乌龙桥、仁兴桥、同庆桥、长名桥、同心桥、玉山湾桥、乐善桥、双鹤桥、长寿桥、三侯桥、三侯石桥、乐善桥（横江背）、同善桥、五陂下石桥、双峰石桥、丰宁庙石桥、会昌桥、永济桥、黄花浮桥、垄桥、龙安桥、望山桥、善洲桥、麻山桥、王家洲桥、杨子江桥、灵田桥、水尾桥、寿庚桥、官桥、永寿桥、永年桥、银桥、风水泉石桥、竹林桥、大水陇石桥、南山桥、接香桥、乐善桥（中村）、和睦桥、亭子桥、南寿桥、怀安桥、浮桥、石桥、交水桥、敷田桥、姚江桥、广济桥、福寿桥、更新桥、流谦桥、雁桥、秋江桥、万秀桥、东至桥、回澜桥、永远桥、诸福桥、永远桥、广利桥、彪家桥、上游桥、双溪桥、栗江桥、神台桥、正新桥、瑞公桥、朝阳桥、长平桥、古坊桥、凳云桥、善济桥、古江桥、五福浮桥、彭家桥、田心桥、石龙桥、善娘桥、白竺塘桥、沙溪桥、赤山桥、顺济桥、小江桥、万福桥（戴家岭）、双星桥、墨迹桥、鹅湖桥、增寿桥、万寿桥、寿星桥等，计130多座。

据2016年12月印行的《萍乡古遗址、古建筑名录》记载，全市现存的古桥仅30余座。即：安源区东大街萍实桥、亨泰桥，流万管理处流江桥，五陂镇永镇桥；湘东区东桥镇南岸桥，麻山镇锦江拱桥、善洲桥；芦溪县新泉乡定星桥，芦溪镇老石板桥、桃红桥，南坑镇五拱石桥，张佳坊乡朋乐三星桥，宣风镇万福桥，万龙山乡贡元桥；上栗县赤山镇赤山桥、戴家岭古石桥，上栗镇栗江桥，桐木镇富家桥，金山镇青龙桥；莲花县琴亭镇秀莲桥、斜田石桥，荷塘乡金鸡桥、荷花桥、文澜桥、双亲桥，路口乡福臻桥，神泉乡庭积桥，六市乡六合桥，闪石乡从心桥，良坊镇石鼓潭桥。

萍乡这些大大小小的古桥，千姿百态，造型各异，而几乎每一座桥都有着浓厚的文化底蕴。

（一）萍实桥

今俗称南门桥，因楚昭王经萍乡渡江得萍实的典故而冠名。三国时期由邑人李喜发起始建，元代桥毁。明代五次修建，清代四次修建，现存之桥为清代同治三年（1864）重建。知县刘世伟撰《重建萍实桥记》，曰："穷底止，而基之方石，边幅范铁锁，其缝中实以石块胶，以灰土沃，以桐膏费不惜。"可见石桥造得坚实牢固。萍实桥是县城历史上最早的桥，且冠名体现萍乡特色，故此名气最大。吟咏萍实桥的诗也最多。例如，明代龚逊常《过萍乡》："昭王古庙闲花落，萍实长桥野水清。"清代雍正年间萍乡举人王彦邦《宝积寺》："宝积城南寺，桥通古道平。"

清代康熙年间萍乡知县尚崇年《题萍实桥》诗曰：

萍实桥

迢递沧州旧板桥，闲听渔父话前朝。
昭王未辨威吴策，萍实先兴霸楚谣。
草木有情青史在，江山无恙翠华遥。
行人日暮多愁思，谁向津亭倚洞箫？

诗中说，远看滨水的地方这座旧板桥（清康熙年间萍实桥还是木板桥，乾隆年间才改板桥为石桥），闲听捕鱼的老者话说前朝的事；楚昭王尚未得到震慑吴国之策，却获萍实先兴霸主的童谣；草木有情青史尚存，江山无恙春色无边；赶路的行人日暮之时心怀秋思，谁会停靠在水路的渡口依听箫声呢？

清代康熙年间萍乡文人罗淳祚《萍实桥忆古》写道：

客到桥南别有情，吴时萍实晋时名。
群山树色平依槛，一道江流曲抱城。

浅渚静余春草碧，水鸥闲逐暮云轻。

共谁细数千年事，隔岸商船笑语声。

这首诗是清代康熙年间萍水河的真实生动的写照：且看萍水自此而来绕城而过，经东南而西去，正是"一道江流曲抱城"；萍水不远处的群山一派葱茏的树色，沙洲上春草碧绿，水上的水鸥飞翔追逐近暮的云朵；站在岸边听到停泊的商船中传出一阵阵笑语声。读此诗，令人感到那时萍水的景色多么美丽，水面上有水鸥盘旋；那时萍水的水面多么丰满，商船可以通达湖南。

（二）亨泰桥

旧名馆埠桥，故名阜桥，今俗称东门桥。宋代宣和五年（1123），知县郑强首建木桥，元代桥毁。明代有三任知县修建石桥。清代乾隆三十年（1765）重建，四十九年（1784）再重建，改名为亨泰桥。知县胥绳武《亨泰桥记》曰："馆埠桥名甚鄙，今颜之曰：'亨泰易云。'亨者嘉之会，又曰履而泰，然后安，是一邑之应也，利及行人。"同治十三年（1874）重建。

亨泰桥

第四章 文化遗存 207

(三) 通济桥

今俗称北门桥。古代以船摆渡代桥。宋代绍兴七年（1137），知县郭涛首建石桥。明代成化年间重修。清代乾隆二十五年（1760）乡人重建。嘉庆四年（1799）乡人重修。民国期间，"改造三瓮大石桥，坚实宽敞。"

通济桥

(四) 香溪桥

位于小西门（今萍乡市公路管理局左侧，20世纪90年代拆除）。宋代庆元年间（1195—1200）建桥，名仙桂桥。

香溪桥

开禧年间（1205—1207）改建石桥，更名香溪桥。当时流行民谣"金鳌洲撑香溪桥，玉带不离朝"，意思是说萍水分流之处的河洲——金鳌洲，洲上撑起香溪桥，萍乡会出身佩玉带的朝官。明代万历二十四年（1596）重建。清代乾隆二十二年（1757）、三十六年（1771）重建。嘉庆二十五年（1820）增建石栏。据《香溪桥记》载，明代初期萍乡人简迪赴京考试成绩优异，被任命为监察御史，后因患病还乡，自称香溪老人。故事印证了建香溪桥时民谣所传。清代乾隆年间萍乡文人颜培元《冠山阁观萍水》诗曰："桥连阁外水平溪，派向东流转入西。"吟咏就是金鳌洲上的冠山阁外的香溪桥。

（五）宗濂桥

萍乡芦水上建有宗濂桥，以纪念宋代理学大家周敦颐。周敦颐曾在芦溪任税官。清代乾隆年间萍乡文人傅銮作诗《宗濂桥》：

> 濂溪官在芦溪处，税市曾经说宋朝。
> 前事也知人似水，新碑惟爱槛当桥。
> 倚看石岸沙千点，静送渔舟月一桡。
> 有客徘徊秋兴起，谁家楼上坐吹箫？

（六）思永桥

宣风镇建有思永桥，又名虹桥。清代乾隆年间萍乡文人刘峋作诗《思永桥》有云："长锁银波三千丈，吞吐惊流石回旋。"

思永桥（萍乡市文广新旅局供图）

秀莲桥（萍乡市文广新旅局供图）

（七）秀莲桥

在莲花县城东南一公里的莲江之东沙江水滩上，建于清道光四年（1824），青石砌成，有六墩五拱，宽6米，长63米，高7米，连接垅山口往永新县。据《莲花厅志》所载，秀莲桥在东沙江水滩上，路通龙山口往永新。明万历间朱宗诗捐田为冬建木桥、夏造渡桥之费。清道光六年（1826）洪水冲崩。七年（1827）雄莲捐资独秀。次年春溃于雷雨，仍鸠工独立建复，号"秀莲桥"。又据《莲花厅志》，朱雄莲字俊秀，龙西乡第三都莲花村人，性耿直，好施予，尝延师课子弟，厚其膏火，凡邑有义举，踊跃相助，独建明丛堂，修秀莲桥，陇山口大路及倡修桥路等处，共用万余金。

第八节　非物质文化遗产

萍乡地处吴头楚尾,是吴楚文明的交融之地,文化底蕴深厚,素有"赣西文化堡垒"之美誉,非遗资源十分丰富,遍布萍乡各县区,特色鲜明。目前萍乡市非遗资源项目涵盖民间文学、传统舞蹈、传统戏剧、曲艺、传统技艺、传统美术、游艺与竞技、民俗等10大门类。例如湘东傩面具雕刻,历史久远,内容丰富,形式多样,面具雕刻制作时间从元末到明清一直传承至现在,现存最久远的古傩面具距今超过500年;湘东傩面具神态古朴、雕刻精巧、手法夸张、风格各异、令人惊叹,法国、日本等国家专家来实地考察时给予了高度评价。1992年,湘东傩面具参加北京"全国花会"和广州"中华百绝博览会",享有"民族奇葩""中华一绝"的美誉;2006年,《萍乡傩面具之谜》电视专题片先后在萍乡电视台和央视十频道播出,并由中国国际电视总公司制作DVD向全世界发行。萍乡傩舞,也在韩国、毛里求斯等国家大放异彩。萍乡采茶戏,是中国梨园的一朵奇葩,曾获"五个一工程"奖、文华大奖、梅花奖、曹禺戏剧文学奖等中国戏剧界荣誉。萍乡春锣,来源于群众,扎根于民间,深受人民群众喜爱,曾三次进北京参加全国曲艺节。

2013年,全市国家级、省级、市级、县级非遗四级名录体系初步确立。至2022年,萍乡市非遗代表性项目79项,其中国家级6项、省级24项。

一、萍乡传统烟花制作技艺

萍乡市上栗县制作爆竹、烟花的历史十分悠久。据史料记载,湖南的爆竹制造始于唐代,兴盛于清代乾隆年间,而它是由江西上栗发展到湖南浏阳,进而推广至醴陵的。由此可见,上栗是爆竹的主要发源地之一。

爆竹行业祖师李畋为上栗县麻石人,他发明的原始爆竹是将竹子锯成两边带节、长约尺余的竹筒,里面装上火药,头上插一根火线,点燃火线,竹筒即被炸开,发出巨大响声,因而得名"爆竹"。后来李畋发现竹筒做成的爆竹有时不易炸开,有时炸开了又会伤人,于是转而寻求一种更好的筒子材料,经过试验,制成纸筒爆竹。其后他又将爆竹的引线逐个连接起来,制作出鞭炮。

萍乡上栗的爆竹烟火原有四大类400多个品种,现在则有九大类1200多个品种,其中以高空火箭等20多个产品最为著名。2008年入选国家级非物质文化遗产名录。

封爆竹工序(上栗县非遗中心供图)

二、莲花打锡

2000多年前，莲花就有锡制品。清康熙帝曾下旨由街头村锡匠打造锡钱币。至2020年，仍有50多名锡匠活跃在街头庙背等村。

莲花打锡工具简单，工艺讲究。造型各异的锡器，仅靠剪子、矬子、锤子、量尺等简单工具，经熔、画、剪、打、锉、焊等工序，就落落大方地呈现了出来，这其中的功夫全在手上，故有"三分打，七分磨"之说。莲花锡器精细匀称的锡花、弧线优美的造型、雕刻精美的装饰，堪称民间手工一绝。2014年入选国家级非物质文化遗产名录。

打锡的上嘴工艺

三、萍乡湘东傩面具

湘东傩面具是优秀的民间传统雕刻，有着悠久的历史。湘东傩面具的雕刻技艺有唐代雕法和宋代雕法之分，唐代雕法比较粗陋，宋代雕法比较精细。现存湘东傩面具雕刻技法在清代时由湖南传入，主要是宋代傩面雕刻技艺。用这种手法雕刻的面具风格古朴细腻，工艺复杂讲究，目前的传承人能够雕刻440只完整的宋代人形傩面。

湘东傩面具的品种较多，从原料加工到成品需经十多套工序。面

湘东傩面具

具的神情及其冠饰具有特定的文化内涵和意义指向，雕刻工艺精湛，面具神态古朴，手法夸张，具有明显的地域风格。2006年入选国家级非物质文化遗产名录。

四、萍乡春锣

萍乡春锣流传于江西省萍乡市及其周边地区，系由明末流传于江西西部的"报春"演变而成，至今已有300多年的历史。

萍乡春锣节奏明快，语言诙谐，有"见赞"等重要的表现特征。其表演有站唱和走唱两种形式，演唱者身披一黄色绸袋或布袋，左腹系一面直径约20厘米的小鼓，鼓边挂一同样大小的铜锣，左手执鼓签，右手持锣槌，不时击打，以作为曲首的过门和段落过渡的间奏音乐。搬上舞台后，由一人演唱发展为对唱、群唱，增加了二胡、三弦、琵琶等伴奏乐器。

传统的春锣多演唱短篇曲目，如《赞春》《赞酒》《进门》《喝茶》

萍乡春锣

《贴图》《送春》等。至近代，春锣艺人才开始演唱《八仙过海》《桃园三结义》《许真君斩孽龙》等中长篇的历史和神话传说故事。2008年入选国家级非物质文化遗产名录。

五、安源灯彩制作技艺

安源灯彩是一种民间传统手工技艺。其起源于明代，清乾隆后尤其盛行。萍乡百姓一般在元宵夜耍灯市，喻示着春节圆满的盛典。安源灯彩的种类主要以龙灯、狮灯、牛灯、茶灯、龙凤花灯、蚌壳灯、鲤鱼灯、走马灯为主，种类繁多，具有浓厚的民族文化气息，传统上称"十五夜的灯"，明清时期的史志对"十五夜的灯"已有详细记载。

在安源，制作灯彩的艺人俗称"纸马匠"。制作灯彩需要的工具有剪刀、篾刀、锯子、雕花盘等；材料有竹子、方引线、灰面（糨糊）、五色彩

安源灯彩制作技艺（萍乡市文广新旅局供图）

纸、绞纱布、绸布等。

  灯彩制作工序主要包括四个步骤：构图、破篾、扎架、闭纸。手艺人首先对制作的作品进行构思，设计图形。根据构好的图选择竹子破篾，用竹条制作骨架，拿方引线固定。最后选择五彩纸闭纸，内插红烛，一个个栩栩如生的灯彩就跃然眼前。比较有代表性的彩灯有龙灯、茶灯、牛灯。

  龙灯有龙灯、布龙灯，多采用竹篾扎制，糊贴各色彩纸，内插红烛，一条龙一般为9～10节（旧日时有数十节，甚至百节），喻示新年大发。

  茶灯是用青竹篾扎成的彩灯，形状上大下小，呈六角形，外面糊有彩纸，贴花描金。每逢新春佳节，耍灯人在灯内插上蜡烛，有四位身穿彩衣的小女孩手举上下舞动，配有一小丑，手摇纸扇，边走边舞，表演滑稽风趣。有一旦一丑对舞，也有数旦一丑对舞，同时演唱萍乡采茶戏或民间小调，其表演滑稽风趣。

牛灯是境内民众喜爱的一种彩灯，其历史较为悠久。现仍留存的牛灯有赞土地、春锣打、大卦、送阳工、张三打鸟、太公钓鱼、武吉卖柴、四郎读书、犁田9个节目，充满了故事趣味。2008年入选江西省第四批非物质文化遗产名录。

六、安源面塑

安源面塑是一种民间传统技艺。它以面粉为主料，调成不同色彩，再塑造成各种栩栩如生的形象。捏面艺人根据所需取材，在手中几经捏、搓、揉、掀，用小竹刀灵巧地点、切、刻、划，塑成身、手、头面，披上发饰和衣裳，栩栩如生的艺术形象便脱手而成。2008年入选江西省第四批非物质文化遗产名录。

安源面塑（萍乡市文广新旅局供图）

七、莲花血鸭烹调技艺

莲花血鸭味鲜、香辣，作为江西特色菜之一，早已名扬天下，是莲花唯一入选国宴的佳肴。莲花炒血鸭始于南宋末年，据《莲花县志》"民间传说"载：宋景炎元年（1276），一日，各路豪杰聚会在一起，商量兴国大业，准备升帅旗，饮血酒，但当时缺鸡，遂以鸭血代之。忽报丞相文天祥到，众皆欢呼，盟主吩咐摆酒接风。有个叫刘德林的莲花人，是个厨师，炒得一手好菜。今天为文丞相摆酒接风，非同小可，他心里有点紧张。炒了几个菜后，轮到炒鸭子，由于慌乱，错将没喝完的血酒当成辣酱倒入锅内，他唯恐倒了血酒不好吃，便小心翼翼地炒着，忽然闻到一股香辣味，比往常的味道更鲜美。将菜端出去后，文丞相一尝，赞不绝口，问道："此为何菜？"刘德林一想，答道："就叫血鸭吧"。"血鸭"这道名菜，也就这样一代一代地传了下来。

"莲花血鸭"作为一大地方特色菜，正被越来越多的人喜欢，而以这道菜命名的酒家、菜馆，已经遍布天南地北，全国各地都有"莲花血鸭"店招的影子。据不完全统计，目前莲花县共有5000多人在全国各地经营"莲花血鸭"餐馆，数量达1000余家。

2009年"莲花血鸭"烹调技艺入选江西省非物质文化遗产名录。

八、芦溪年丰狮

芦溪年年丰狮造型酷似真狮，狮头原先用竹篾扎制，现用玻璃钢翻制，内装操持起舞用小柄，狮眼用蛋壳或乒乓球做成，顾盼传神，栩栩如生，而狮身披金黄、橙红色毛。年丰舞狮一般由8人完成，4人舞狮，1人耍绣球，3人伴奏。雌狮雄狮成对出现，狮头上有红结者为雄狮，有

绿结者为雌性。2人舞一头狮子，由装扮成武士的人前领，手拿绑有彩带的狮球。年丰狮属北狮一派，又融文狮和武狮为一体，不仅有擦痒、舔毛、抖毛等小动作，还有跳跃、翻滚、腾转等高难动作，其中高台阵势最为惊险。用桌、凳搭成高台，雄狮与舞狮球者逐级跳跃而上，在高台上打滚、腾转、站立，而后高空纵跳打滚而下。雌狮则在

年丰狮舞参加芦溪县元宵灯彩游园活动（欧阳光中摄）

高台下打滚、站立等。耍狮现场的锣鼓声、观众喝彩声不断，气氛热闹非凡，把兽中之王机灵威武的性格表现得淋漓尽致，观之令人荡气回肠，精神振奋。

年丰狮因为动作难度大，舞狮者都有武术功底，都是十二三岁便开始习武。年丰狮在配乐方面，以京钹、京锣、京鼓为主。如今，年丰狮作为芦溪县优秀的民间艺术，以其广泛的群众性和普遍的娱乐性，已经成为人们欢庆节日、开业庆典的吉祥物和活跃城乡文化生活的重要艺术形式。2009年入选省级非物质文化遗产名录。

九、芦溪上埠牛带茶灯

芦溪上埠镇的牛灯系芦溪县传统民间艺术中的一种,俗称"三脚班",又称"牛带茶",它是萍乡采茶戏的一种,是一种有简单故事情节的灯彩,表演有锣鼓及唢呐伴奏,多人帮腔,扎一纸牛犁田,丑角则穿插其间,并以胡琴与笛相和。

上埠镇牛带茶源于清代,距今已有200多年历史。清道光十九年(1839),萍乡人黄启衔《近事录真》载:"采茶戏,亦名三脚班,相传来自粤东,二旦一小花面,所唱皆俚语淫词,近日吾袁州及长沙各处,此风尤炽,乡村彻夜搬演。"光绪二十一年(1895),安源煤矿开发;二十八年(1902)至宣统二年(1910),萍醴铁路和株萍铁路相继通车,湖南花鼓戏开始在萍乡流行,牛带茶很快吸收了其他的剧目和曲调,得以提高与发展,只是在表演时还是用本地方言演唱。

牛带茶盛行于20世纪50年代,因为它集说、唱、舞、灯为一体,配以民间乐器,内容多是从历史故事和传说中采撷,融入当地民俗创作而成。唱词诙谐幽默、雅俗共赏。表演时既有传统故事的表现,更有村里百姓耕作田园之乐,因此深为广大群众喜爱,

牛带茶参加芦溪县元宵灯彩游园活动(欧阳光中摄)

一般用于祈福、庆贺等。每年春节，左右村邻相邀演出，自是应接不暇，平均演出 30 余场，在萍乡影响甚大，曾于 1955 年获得萍乡县文艺汇演一等奖。当时流行"茶园人演戏"一说，足见其影响之大。2009 年入选江西省第三批非物质文化遗产名录项目。

十、萍乡采茶戏

萍乡采茶戏是江西采茶戏的一个分支，亦名萍乡地方戏。是在江西傩舞、灯彩的基础上，兼收湖南花鼓戏、赣南采茶戏、汉剧、粤剧的营养而逐步形成的，流行于萍乡全境及相邻的万载、铜鼓、井冈山、浏阳、醴陵等地。

萍乡采茶戏剧种语言为萍乡城区方言，唱腔主要为川调、神调，也有茶灯、歌腔等杂腔小调，各行当不同的演唱方法和鼻音悲痛欲绝性腔滑音等特殊的演唱技巧使萍乡采茶戏唱腔具有独特的韵味。

萍乡采茶戏被誉为"江西的评弹"，在中国梨园曾获过很高的荣誉。曾获得中宣部"五个一工程"奖 2 次及文化部文华大奖、文华奖、曹禺戏剧文学奖、田汉戏剧文学奖等戏剧界各种奖项。2009 年入选江西省第三批非物质文化遗产名录。

萍乡采茶戏

上栗牛带茶灯

十一、上栗牛带茶灯

上栗牛带茶灯蕴含着音乐、舞蹈、戏剧等多元文化元素，由采茶女表演《茶女采茶》首尾呼应，用方言道白，有歌有舞、有乐器伴奏。其语言风趣幽默，形象生动，既有上栗语系，又有醴陵语系和浏阳语系；同时，由于湖南花鼓戏在湘赣边界的流传和影响，上栗的牛带茶灯演唱的词曲在保留了萍乡地方韵味的基础上，还吸收了湖南花鼓调的精华，从而使牛带茶灯的表现形式活泼轻快，健康向上，具有浓郁的乡土气息和地方风情。2008 年入选江西省第二批非物质文化遗产名录。

十二、芦溪古城独角缩龙

芦溪缩龙起源于芦溪镇古城村，相传为家住芦溪镇新田村严家冲的明代宰相严嵩远房族人从北京按图索骥而来，因当时严氏家族势单力薄，无

古城缩龙闹元宵

力发起缩龙表演，遂联合古城村民一道行事。经几百年变迁，这条缩龙就保留在古城。缩龙的特点是：形体庞大，长约30米，直径0.5米，龙头重达30公斤，制一条缩龙要用500公斤竹木等材料；形状逼真，造型独特，尤以"独角龙"为全国罕见；雄壮恢宏，声势浩大。表演需150人。其中牌灯手40个，鼓乐手50个，执龙表演的约60人。在锣鼓、唢呐、鞭炮声中，牌灯手开道，执龙者边走边舞，并不时地施放地铳，近10只通红的小鱼灯在黄色的缩龙前后左右上蹿下跳，绵延百余米。缩龙表演分为金龙闹海（大之图）、盘龙绕柱（绕屋柱）、真龙报春（闹新年）、神龙归位（团龙）等十余个小节。最绝的表演是"团龙"，偌大的一条龙，数十个执龙者层层叠叠如宝塔盘旋而上,龙头居顶,龙尾在龙头前舞动。不少国内外专家学者对古城缩龙赞叹不已,认为该龙乃融鳄、蛇、鱼、犀牛等为一体的综合艺术形象,属河姆渡图腾文化,具有独特的审美价值和观赏价值。2008年入选为江西省第二批非物质文化遗产名录。

十三、莲花茶灯舞

莲花茶灯舞又名"茶灯闹春",自20世纪30年代以来在莲花县六市、高洲、坊楼等乡镇广为流传。村民每逢喜庆佳节,常以莲花茶灯舞上门祝福。每到一处,主人门外鸣放鞭炮相迎表演者入堂屋,高喊"恭喜发财"等赞语。

该舞蹈由15人组成男女群舞。它通过各种灯彩的舞姿变化,绘成了"双龙出水""蛟麻花""上南天门""蛇退壳""双龙摆尾"等一幅幅画面。

莲花茶灯舞的特点是:画面多姿、载歌载舞、间有道白、滑稽多趣;服装、道具颇具地方特色;音乐热烈欢快,茶歌旋律优美动听。2008年入选江西省第二批非物质文化遗产名录。

莲花茶灯舞

上栗皮影戏（上栗县文化馆供图）

十四、上栗皮影戏

上栗皮影戏，历史悠久，文化底蕴丰厚。它是一种用灯光照射兽皮或纸板做成的人物剪影以表演故事的民间戏剧。上栗皮影戏节目繁多，形式多样，内容丰富，包括《七姐下凡》《西游记》《仁贵征东》《粉妆楼》《封神榜》等曲目，是民族文化和艺术文化的复合体，是一份极为宝贵的历史文化遗产。入选江西省第四批非物质文化遗产名录。

十五、湘东旱龙船

地处赣西边陲的湘东区民间有句俗语：河里赛水龙船，岸上划干龙船。划旱龙船也叫划干龙舟，因靠近萍水河湘东段，是湘东端午节前后由来已久的一大民俗活动。据史料记载，湘东划旱龙船起源于清朝乾隆年间，时任萍乡知县的胥绳武为此作有萍乡竹枝词："东去湘西写官板，西下湘东浆倒划。中五十里船不到，两岸桐油兼苎麻。"其中提到的"浆倒划"是划旱龙船一个特有动作。入选江西省第四批非物质文化遗产名录。

十六、莲花哦嗬歌

"哦嗬歌"是一首五声音阶、落音（6）的调式山歌。音调高亢，豪迈昂激越。旋律生动优美，舒展开阔，饱含真挚而细腻的情感。节奏自由，易于表达歌曲内在意境。旋法一上一下，一高一低，抑扬顿挫，高低起伏，起唱时风味独特的甩腔，引人入胜，展现出歌曲的魅力。结束时一声高亢挺拔的"哦嗬……喂"号子声，彰显特色，余韵悠扬，回味无穷。歌词简洁精炼，朴实无华，有时触景生情，自编歌词，即兴演唱，活泼生动，颇有情趣。曲调地方色彩深厚、浓郁，富有丰富的艺术感染力。

"哦嗬歌"的演唱形式一般为单人独唱，也有两人对唱、多人齐唱。有在崇山峻岭中砍柴伐木时唱，也有在田园沃野中耕种收获时唱，有在劳动生产中引吭高歌，也有在闲庭漫步时放声歌唱。歌声时而在山谷中回荡，时而在田垄中飞扬，时而划破晨曦长空，时而缭绕黄昏夜幕。朴素、明朗、优美的旋律，清脆刚健、昂扬激越的"哦嗬歌"声展现了劳动人民生活的美丽画卷。入选江西省第四批非物质文化遗产名录。

十七、萍乡花果手工工艺

安源花果历史悠久，是传统手工艺食品的典型代表。既具有食用价值，又具有观赏价值。它是由柚子、橘子、辣椒、冬瓜、南瓜、萝卜、马铃薯、刀豆、藕、木瓜、地瓜、青菜梗、鹅明豆等四时果蔬的根、叶、茎、花、

安源花果（市文广新旅局供图）

果实经过选料、洗净、切叠、挤压、雕刻、编织、水浸、烫煮、保色、定形、糖腌、烘烤十余道工序手工精制而成。

制作成的花果色泽鲜美、造型独特，口感甜脆，加工后不破坏原有的营养质素，特别是一些用橙腔、薄荷、紫苏等制作的花果，还具有祛寒止咳、清热解毒、健脾开胃等功效，是名副其实的绿色保健食品，是大众休闲、馈赠亲友和招待客人的佳品。

就手工工艺而言，安源花果作为传统食品在全国是唯一的，人称"中国一绝"。其花型有的似剪纸，有的似镂空玉雕，共可制作花型一百余种。

2006年入选江西省第一批非物质文化遗产名录。

十八、李畋崇拜习俗

上栗县是烟花爆竹的发源地,爆竹祖师李畋的故里,全国烟花爆竹四大主产区之一。自唐贞观十九年(645)起,上栗已有1300多年的花炮生产历史。

李畋崇拜祭祀仪式沿用唐代风格,击鼓九通,鸣金九响,鼓乐齐鸣,雅乐合奏,形式古朴庄严,气氛隆重肃穆。活动还包括:烟花燃放表演,鞭炮燃放,花车、狮灯队、龙灯队、威风锣鼓队、牛带茶灯队、傩舞队、鼓号队、舞蹈队沿街巡游等。2016年入选江西省第一批非物质文化遗产名录。

李畋崇拜(上栗县文化馆供图)

十九、莲花界市城隍庙会

界市城隍庙始建于北宋仁宗年间，因仁宗皇帝赵祯送谭驸马回乡而建。

十月初一，一年一度的界市城隍庙会敲响了锣鼓，周边江西、湖南百姓云集。烧太平香一直是城隍庙会的传统习俗。用枫树做香材在庙宇前架起香塔，层层堆砌，高至丈余，待法事第三天午时，才正式点火。烧太平香，最讲究名次。

唱戏是城隍庙会的另一传统习俗。城隍庙戏楼是赣湘界市唱戏最多、演唱时间最长之地。每逢此时，商贩、京剧班、马戏团等云集，往往是这个戏班刚唱完，那个戏班又接上，好戏连台，唱个不休，台上台下十分热闹。2016年入选江西省第一批非物质文化遗产名录。

界市城隍庙会

二十、湘东皮影戏

湘东皮影于清代同治年间从湖南省攸县高枧乡传入。1910 年，湘东皮影第三代传人丁光仪先拜圆觉大师为师学习皮影戏器乐演奏，1931 年又拜师欧阳相澄学习皮影戏的表演。其子丁云秋（1935 年生）向其父学习皮影戏的器乐演奏，后因父年迈多病，又向欧阳相澄学习皮影戏表演，并传授三子丁永发（1963 年生）皮影戏技艺，丁永发后又师从欧阳相澄弟子皮影戏表演大师王柏华，传承至今。2016 年入选江西省第一批非物质文化遗产名录。

湘东皮影戏

二十一、萍乡莲花落

萍乡莲花落又叫打莲花，是江西地方曲种之一。它流传在江西省萍乡市北路赤山一带及周边地区，是以萍乡方言为载体的民间说唱艺术，始于宋，本为穷人行乞时所演唱，盛于清，嘉庆末年出现专业艺人。它节奏明快、语言生动诙谐、简便灵

萍乡莲花落

活，演唱形式独特，多在中国传统节日期间进行演出，深受当地群众欢迎。2020年入选国家非物质文化遗产名录。

二十二、傩舞（萍乡耍傩神）

萍乡傩舞俗称"仰傩神"（仰，方言为舞跳之意），"耍傩神""耍傩案""踮傩神"，有的地方因舞步必须踩在锣点上而称为"踩傩""踩傩案"。每年腊月二十四至次年元宵节，跳傩的人员净身洁手，到庙内穿服装，戴面具，开始每年的跳傩活动，到各村挨门沿户"扫堂"驱邪。一路锣鼓鞭爆齐鸣，每个傩面具有一段舞蹈，舞名以面具神名而定。现发展到重大庆典活动也跳傩，寓意消灾除役，驱役逐鬼，赐福纳吉，祈祷来年风调雨顺、五谷丰登、六畜兴旺。傩文化源远流长，涉及人类学、民族学、

傩舞（上栗县文化馆供图）

民俗学、文艺学等诸多方面的内容。萍乡耍傩神入选2020年国家非物质文化遗产名录。

二十三、芦溪南坑车湘傩舞

芦溪傩以车湘傩为代表,因它有傩庙、傩面具、傩舞,"三宝俱全",在国内也是罕见。车湘傩历史悠久,流传广泛,始建于唐代的傩庙古朴雄壮,傩舞粗犷诙谐,傩道具、面具、服饰更是庄重古朴。傩庙所存最早面具迄今已有400余年,堪为古文化之瑰宝。当地无论童叟,均会耍傩,成为群众一种自娱自乐的文化活动。每年春节期间,傩班应乡民之约,戴着香樟雕刻的各种面具,燃放鞭炮,抬着傩王爷上轿,点着香火,敲锣打鼓,挨家挨户去"扫堂"。2010年入选江西省第三批非物质文化遗产名录项目。

芦溪南坑车湘傩舞(市文广新旅局供图)

主要参考资料

明《明一统志》

清《江西省通志》

清康熙《萍乡县志》

清《莲花厅志》

刘洪辟主撰：《昭萍志略》

《萍乡市志》，方志出版社1996年版

《萍乡市志（1986—2002）》，方志出版社2007年版

《莲花县志》，江西省人民出版社1989年版

《莲花县志（1988—2002）》，方志出版社2004年版

《萍乡年鉴》，2005—2015年

《安源区志》，方志出版社2005年版

《湘东区志（1971—2002）》，方志出版社2007年版

《芦溪县志》，方志出版社2006年版

《上栗县志》，方志出版社2005年版

《安福县志》，中共中央党校出版社1995年版

《萍乡方言志》，魏纲强著，语文出版社1990年版

《醴陵市志》，湖南出版社1995年版

《萍乡市文化艺术志》，1999年印

《萍乡市教育志》，江西高校出版社1999年版

《莲花县教育志》，黄山书社1997年版

《莲花县祠堂志》，云南美术出版社2017年版

《三板桥乡志》，2009年印

《石甲坊村志（1368—2013）》，2014年印

《关里村志》，2016年印

萍乡市文化局、萍乡市群众艺术馆、萍乡市文联音协编：《萍乡民间音乐》，1984年印

《萍乡古遗址、古建筑名录》，2016年印

萍乡市政协文史委、萍乡市文化局编：《萍乡文史资料·文化专辑》（总第十三辑），1991年10月刊印

江西省历史博物馆编：《江西历史文物》1978年第5期

江西省博物馆、江西省文物工作队编：《江西历史文物》1985年第1、2期

《南方文物》1983年第3期、1998年第1期、2005年第1期

《考古》2000 年第 12 期，2011 年第 2 期

《黄河科技大学学报》2010 年第 12 卷第 4 期

《漳州师范学院（哲学社会科学版）》2002 年第 2 期

《大众文艺》2010 年第 4 期

《收藏参考》2010 年第 11 期

《江西社会科学》1981 年第 3、4 期

《史志学刊》2015 年第 3 期

《大家》2010 年第 3 期

《地方文化研究》2015 年第 3 期

《艺海》2013 年第 6 期

《史林》2014 年第 4 期

《影剧新作》2013 年第 4 期

《中国道教》1990 年第 4 期，1991 年第 1 期

《方言》1995 年第 3 期

《声屏世界》2010 年第 3 期

萍乡市博物馆"昭萍之光"陈列

后　记

2023年10月7日至8日召开的全国宣传思想文化工作会议，首次提出了习近平文化思想。习近平总书记强调，要"着力赓续中华文脉、推动中华优秀传统文化创造性转化和创新性发展"，并指出，"要深入挖掘、继承、创新优秀传统乡土文化"。地方传统文化是中华优秀传统文化的组成部分，在全国上下深入学习贯彻习近平文化思想之时，《文脉萍乡》付梓出版，是萍乡市挖掘、整理地方传统文化成果的一次展示，也是萍乡史志编研工作的一件喜事。

萍乡市历来重视文化工作，多年来，介绍萍乡传统文化的书有很多，也很全面。本书的定位为萍乡地情资料普及性读物，将散见于各种地方文献的资料进行梳理，转化为通俗易懂的地情知识，力求文字简练、图文并茂，以萍乡文脉为主题，通过对其历史起源、传承演变、内容形式和发展现状等情况进行概要性介绍，让读者对萍乡地方传统文化的总体面貌有所了解和认识。

萍乡市文广新旅局、萍乡市民族宗教局、萍乡市图书馆、萍乡市博物馆对本书编撰给予大力支持，提供了诸多资料和图片。李正平先生对"方言"一节作了悉心指导。编者参考和引用了多种文献，书后所列参考资料未能囊括全部书名和作者，在此一并表示诚挚的感谢。

　　本书编撰目的在于挖掘萍乡文化内涵，留住萍乡文化记忆，增强萍乡人的文化自信。本书作者黎敏同志以高度的责任感，四处奔波查找资料，精益求精撰写书稿。初稿完成后，李昌清、陈为真两位同志对全书审阅修改，刘影同志认真校对文稿。然萍乡自古土沃物丰、人文蔚起，值得记述的人、事、物很多，限于篇幅及编者水平，只能择其一二，远不全面，疏漏错讹之处在所难免，敬请读者批评指正。

编　者

2023 年 11 月